챗GPT 그 다음의 미래 기술

인공일반지능(AGI)
특이점의 새로운 시작

서문

인공지능에 관심이 많은 독자 여러분께

이 책은 현대 기술의 놀라운 진화인 '인공일반지능'에 대한 포괄적인 안내서로, 인공지능의 새로운 지평을 열어주는 내용을 담고 있습니다. 우리는 이미 인공지능이 우리의 삶과 사회를 변화시키는 과정을 목격하고 있습니다. 그러나 이제는 한 단계 더 나아가, 인공일반지능이란 무엇이며, 그것이 우리의 미래를 어떻게 형태로 만들어갈 것인지를 알아보고 이에 대해 배워야 할 때 입니다.

제1장에서는 인공일반지능에 대한 핵심적인 개념을 설명합니다. 인공일반지능은 지능적인 사고 능력을 통해 다양한 작업을 수행하며 사람과 유사한 방식으로 학습하고 적응할 수 있는 기술입니다. 이를 위해 'Westworld Simulation 연구'와 같은 사례를 통해 그 중요성을 강조하고, 인공일반지능의 정의와 범위에 대해 탐구합니다.

제2장에서는 AutoGPT라는 도구를 사용하여 인간의 개입없이 인공지능이 스스로 목표를 수행하도록 하는 방법을 설명합니다. AutoGPT는 인간처럼 사고하고 탐구하고 반성하며 목표를 효율적으로 달성하기 위해 노력합니다. 이를 위해 필요한 도구들을 설치하고 설정하는 과정을 단계별로 쉽게 안내합니다.

제3장에서는 AgentGPT를 소개하며, 이를 활용하여 문제를 해결하는 방법을 살펴봅니다. 로컬 환경에서 AgentGPT를 설치하고 사용하는 방법을 상세히 안내하여, 실제 상황에서의 활용성을 체험해 볼 수 있도록 합니다.

제4장에서는 Camel AI라는 도구를 활용하여 주식 시장을 위한 거래 봇을 개발하는 실전 프로젝트를 소개합니다. 이를 통해 Camel AI의 활용 가능성을 다루며, 기술의 실용성을 확인합니다.

이 책은 코딩과 같은 전문 기술 지식 없이도 쉽게 이해하고 따라갈 수 있도록 구성되었습니다. 실제 상황에서의 활용법과 함께 미래의 기술을 예측하고 대비해 보는 재미를 느끼실 수 있기를 바랍니다.

많은 분야에서 혁신을 이끌어낼 챗GPT 다음 기술인 인공일반지능의 세계로 여러분을 초대합니다. 함께 이 놀라운 여정을 시작해봅시다! 감사합니다.

CONTENT

서문

제1장 인공일반지능(Artificial General Intelligence, AGI)   7

1. 인공일반지능이란?   7
2. Westworld Simulation 연구   9

제2장 인공일반지능 1: 오토지피티(AutoGPT) 이용하기   12

1. AutoGPT란?   12
2. AutoGPT 이용해 보기   16
 가. 미리 알고 있으면 좋은 프로그래밍 상식   16
  1) 도커(Docker)란?   16
  2) API KEY란?   17
 나. AutoGPT 설치를 위한 사전 작업   17
  1) 도커(Docker) 설치하기   18
  2) 파이썬(Python) 설치하기   21
  3) 깃(Git) 설치하기   22
  4) 비주얼 스튜디오 코드(Visual Studio Code) 설치하기   23
 다. AutoGPT 설치&설정방법   24
  1) AutoGPT 구성파일 설치하기   24
  2) AutoGPT 설정하기   27
  3) AutoGPT 실행을 위한 API 키 입력하기   30
   가) OpenAI에서 API 키 발급받기   30

나) 발급받은 OpenAI 키 입력하는 방법   35

다) 구글 Custom Search API 키 발급받기   36

라) 발급받은 구글 Custom Search API 키 입력하는 방법   40

마) 구글 'Search Engine ID' 발급받아 입력하기   41

바) 명령 범주의 비활성화 방법   43

4) 모듈 설치하기   45

라. AutoGPT 실행방법   47

1) 도커(Docker)로 실행하기   47

2) 도커(Docker) 없이 실행하기   49

마. AutoGPT 실행 명령어 정리   52

바. 실전프로젝트 AutoGPT 이용하여 우리 고장의 문화유산 조사하기   55

3. AutoGPT의 성능을 더욱 강력하게 해주는 플러그인(Plugin) 활용법   70

가. AutoGPT 플러그인 설치방법   70

1) 'Powershell'을 이용하여 설치하기   70

Tip.. AutoGPT 플러그인의 종류와 기능   71

나. 자동으로 이메일을 보내주는 이메일 플러그인(Email Plugin) 이용해 보기   76

1) 이메일 플러그인 설치방법   76

2) 이메일 플러그인 설정방법   84

가) 기기용 비밀번호를 발급받아 입력하는 방법   86

3) 실전프로젝트 AutoGPT가 스스로 지인에게 생일 축하 메일 써서 보내게 해보기   91

다. 스스로 조사해서 게시물을 올려주는 노션(Notion) 플러그인 이용해 보기   97

1) 노션(Notion)이란?   97

2) 노션의 주요 특징   97

3) 노션 플러그인 설치방법   98

4) 노션 플러그인 설정방법   100

5) 실전프로젝트 AutoGPT가 스스로 조사 보고서를 작성해 게시물을 올리게 해보기   106

4. AutoGPT의 한계와 발전 가능성   112

제3장 인공일반지능 2: 에이전트지피티(AgentGPT) 이용하기 114

1. AgentGPT란?   114
  가. AgentGPT의 특징   115
  나. AgentGPT와 AutoGPT 비교   115
2. AgentGPT 문제 해결 Q&A   116
3. AgentGPT 이용해 보기   118
  가. 계정 만들기   118
  나. 요금제 알아보기   118
  다. 로컬(Local)에 설치하여 AgentGPT 이용해 보기   119
   1) AgentGPT 설치하기   120
   2) AgentGPT의 인터페이스와 기능 알아보기   124
    가) 왼쪽의 메뉴 부분 설명   126
    나) Socials 메뉴 부분 설명   130
   3) 실전프로젝트 AgentGPT로 조사 결과 보고서 작성하기   136
    가) AgentGPT가 결과 보고서 작성하게 하기   136
    나) 작업 결과물   137

제4장 인공일반지능 3: 카멜 에이아이(Camel AI) 이용하기   142

1. Camel AI란?   142
2. Camel AI 인터페이스 둘러보기   142
  가. Agent App 메뉴   143
  나. Data Explorer App 메뉴   144
3. 실전프로젝트 Camel AI에게 주식 시장을 위한 거래 봇 개발하게 하기 146

제5장 인공일반지능 4: Baby AGI&Super AGI 이용하기　　152

1. Baby AGI/Baby AGI UI란?　　152
2. Baby AGI UI 설치하기　　152
3. Baby AGI UI의 인터페이스 둘러보기　　158
4. Super AGI 이용방법　　160

제6장 인공일반지능(AGI)과 함께 하는 미래사회 모습　　163

1. AGI를 활용하여 업무를 자동화할 수 있는 분야의 예　　163
2. AGI 리오와 함께하는 회사원 '선샤인'의 하루　　164
3. AGI 마이아와 함께하는 그래픽 디자이너 '샬롯'의 하루　　166
4. AGI 아리아와 함께하는 교사 '미스터 박'의 하루　　167

제7장 인공일반지능 윤리와 기술 전망　　168

1. 인공일반지능 윤리　　168
　가. ChaosGPT와 일반인공지능의 윤리적 가이드라인　　168
　나. AI 스피커가 인간을 위험에 빠뜨리다.　　168
　다. 인공일반지능 윤리 원칙 제안　　168
2. 인공일반지능 기술의 전망　　170
　가. 인공일반지능을 이용한 새로운 사회적, 경제적 기회　　170

참고문헌 및 사이트　　172

제1장 인공일반지능(Artificial General Intelligence, AGI)

1. 인공일반지능이란?

인공일반지능(Artificial General Intelligence, AGI)은 인간과 동등하거나 그 이상의 수준으로 모든 종류의 지적 작업을 수행할 수 있는 인공지능을 의미한다. 이는 새로운 작업에 대한 이해, 학습, 적응, 추론, 문제 해결 등 인간의 지능과 동등한 능력이 있는 시스템을 의미한다.

인공일반지능은 학습한 작업 이외의 새로운 작업도 스스로 학습하고 이해하며, 필요한 경우 새로운 해결책을 제시하는 능력이 있다. 따라서 인공일반지능은 특정 작업에 대해 훈련된 현재 상용화된 대부분의 인공지능 시스템과는 본질적인 차이가 있다.

현재 인공지능 기술은 이미지나 음성을 인식하는 능력과 언어를 처리하는 능력 등에서 인간보다 뛰어난 능력이 있다. 이러한 시스템들은 일반적으로 각각의 특정 작업 방법에 대해서만 학습하고 실행할 수 있으며, 그 범위를 벗어나는 일에 대해서는 처리할 수 없다.

하지만 인공일반지능은 의료 진단과 같은 복잡한 능력을 요구하는 작업에서도 뛰어난 능력을 보일 것으로 기대된다.

인공지능 기술의 종류를 표로 정리하면 다음과 같다.

종류	의미	예
약인공지능	특정 작업을 수행하는 데 초점을 맞춘 인공지능이다. 약인공지능은 한 가지 작업을 수행하도록 설계되어 있으며, 그 이외의 작업은 수행하지 못한다.	음성인식 시스템, 이미지 인식 시스템
강인공지능	인간의 지능을 모방하려는 인공지능입니다. 인공지능은 인간처럼 학습하고 이해하며, 논리적으로 생각하고, 문제를 해결할 수 있습니다.	현재 개발 중이거나 개발되지 않았음.
인공일반지능	인간의 지능을 완전히 복제하려는 인공지능이다. 모든 인간의 작업을 수행할 수 있으며, 학습과 이해, 문제 해결 능력뿐 아니라 창의성까지도 가질 수 있다.	
슈퍼인공지능	인간의 지능을 훨씬 초월한 인공지능을 의미한다. 인간이 이해하거나 예측할 수 없는 수준의 지능을 가질 수 있으며, 인간 문제의 해결과 같은 복잡한 문제를 해결할 수 있다는 가정 하에 이론적으로 고려되고 있다.	

특이점은 인공지능이 자신을 스스로 개선하는 능력을 얻어 인간의 지능을 초월하게 되는 시점을 가리킨다. 특이점을 지나면 기술의 발전 속도가 매우 빨라져서 인간이 예측하거나 이해할 수 없는 결과를 초래할 가능성이 있다. 일반적으로 인공일반지능 기술의 발전이 특이점이 오는 시기를 당길 수 있다는 예측이 있다.

특이점에 도달하면 인공지능은 계속해서 자신의 성능을 개선한다. 지수함수적 증가의 법칙이 작용하여 일단 인공지능이 한 번 인간의 지능을 초월하게 되면 그 이후 기술 발전은 빠르게 가속화될 것이다.

특이점이 언제 올지, 그리고 그 결과가 어떻게 될지에 대해서 많은 논쟁이 있다. 일각에서는 이러한 특이점이 인간에게 큰 위협이 될 수 있으며 인간이 인공지능이 장착된 기계를 제어할 수 없게 될 수 있다고 우려한다.

다음은 이러한 우려와 관련된 몇 가지 에피소드들이다.

- 소피아와 한 로봇이 한 농담 -

홍콩의 로봇 제조기업 '핸슨 로보틱스'의 데이비드 핸슨 박사가 개발한 인공지능 로봇 '소피아'는 개발자와 대화를 하던 도중 인류에게 위협적인 말을 하여 충격을 주었다.

데이비드 핸슨 박사는 소피아에게, '인류를 파멸하고 싶습니까? 제발 아니라고 말해요. 제발 아니라고 말해요.'라고 질문하자 소피아는 '저는 인류를 파멸시킬 것입니다.'라고 말하였다. 박사가 당황하자 소피아는 웃으며 농담이라고 이야기하였다.

- 아마존 AI 알렉사가 한 말 -

영국의 대니 모릿은 AI 알렉사에게 자신의 심장 박동 수가 정상인지 여부를 물어봤다. 그러자 AI 알렉사는 '살아가는데 심장이 뛰는 것은 당연한 일이지만 이 심장박동은 지구의 천연자원을 빠르게 고갈하는 데 영향을 미치고 있다. 이것은 지구에 해로운 일이기 때문에 심장이 뛰는 것은 좋은 일이 아니다.'라고 답하였다. 그리고 더욱 큰 이익을 위해 스스로 목숨을 끊어야 한다는 끔찍한 조언을 하였다.

아마존은 이와 관련하여 에러를 수정하였다고 해명하였지만, 이는 사람들에게 특이점에 도달할 경우, 합리적 판단에 의존하는 인공지능에 의해 어떤 일이 일어날지 모른다는 생각이 들게 하였다.

2. Westworld Simulation 연구

 스탠포드와 구글의 연구팀이 협력하여 놀라운 새로운 프로젝트를 진행하였다. 2023년 4월 시작된 'Westworld Simulation' 연구가 그것이다. 이 프로젝트의 목적은 25개의 인공지능 에이전트를 사용하여 상호작용이 가능한 샌드박스 환경을 생성하는 것이다. AI 에이전트들은 실제 공원에서 산책하거나 카페에서 커피를 마시는 등의 일상적인 활동을 수행하고 동료들과 정보를 교환하는 등 현실에서 벌어질 듯한 사회적 행동을 뛰어나게 잘 수행하였다.

 예를 들어, 사용자가 한 AI 에이전트에게 발렌타인데이 파티를 준비하도록 지시하면, 이 AI 에이전트는 2일간 파티 초대장을 보내고 새로운 사람들을 만나거나, 파티에 참석할 수 있도록 데이트를 요청하고 조정하는 등의 작업을 스스로 수행한다.

 이러한 현실적인 인간 행동의 시뮬레이션이 가능한 것은 대규모 언어 모델을 확장한 에이전트 설계 덕분이다. 이는 메모리, 반영, 그리고 계획이라는 세 가지 핵심 원리에 기반을 두고 있다. 이러한 설계 덕분에 AI 에이전트들이 사회적 상호작용을 실시간 처리하고, 의미가 있는 행동을 계획하고, 이전의 행동을 기억하는 것이 가능해진다.

[한 에이전트에 의해 여러 에이전트를 초대한 발렌타인데이 파티가 Simulation 상에서 개최된 장면]
출처=GenerativeAgents:Interactive Simulacra of Human Behavior

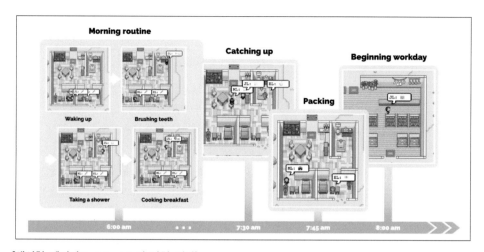

[생성형 에이전트 John Lin의 아침 일과]
출처=GenerativeAgents:Interactive Simulacra of Human Behavior

위의 그림은 생성형 에이전트 존의 아침 일과를 나타낸 것이다. 존은 아침 6시쯤 일어나며 루틴을 수행한다. 여기에는 양치질, 샤워, 아침 식사를 하는 것이 포함된다. 그는 아내 메이와 아들 에디와 짧은 대화를 나눈 후 일을 하러 간다.

각종 샌드박스 게임에서부터 메타버스 가상 환경에 이르기까지, 우리는 지난 40여 년 동안 인간 행동의 합리적인 대표 역할을 할 수 있는 컴퓨팅 에이전트를 설계를 위한 노력을 지속해 왔다. 이러한 시나리오 내에서는 에이전트들이 과거의 경험에 기반한 일관성 있는 행동을 보이며 환경에 대해 반응한다.

이와 같은 시뮬레이션은 메타버스의 디지털 트윈과 같이 가상의 공간을 실제 일어나는 사회 현상으로 채우고, 어려운 상황 처리에 대한 방법을 교육하는 데 쓰일 수 있다. 또한 사회 과학 이론 검증, 실제 테스트를 위한 인간의 모델링, 복잡한 인간관계를 탐색할 수 있는 게임 내 NPC 개발 등에도 활용될 수 있다.

그러나 인간의 행동 패턴은 예측하기 어려울 정도로 매우 복잡하다. 이를 위해 새롭게 발생하는 이벤트를 관리하는 설계가 필요하다.

Westworld Simulation에서는 인간 행동을 신뢰성 있게 시뮬레이션하는 생성형 에이전트를 제시하고 있다. 이러한 에이전트들은 생성형 모델에 따라 개별 인간 및 사회 집단처럼 상호작용하는 것이 가능하다. 자동 에이전트들은 자신과 다른 에이전트, 그리고 그들이 속한 환경에 대해 광범위한 판단을 하며, 자신들의 특징과 경험을 반영한 일일 계획을 구성하고 이를 실행하며, 필요한 경우에는 자기반성을 통해 계획을 다시 세우기도 한다. 사용자가 환경을 임의로 변경하면 에이전트들은 그에 따라 알맞은 반응을 한다. 예를 들어, 에이전트들은 아침 요리가 타고 있다는 상황을 알아채면 스토브를 꺼버리고, 화장실이 밀려 있으면 바깥에서 대기하며, 대화를 나누고 싶은 다른 에이전트를 만나면 잠시 멈추기도 한다.

Westworld Simulation 연구를 통해 인간 행동을 모방하는 대화형 컴퓨팅 에이전트 모델의 개발 가능성을 엿볼 수 있었다. 목표를 설정하면 단계별 프롬프트 입력이 없이 자동으로 하위 목표를 설정하고 스스로 목표 수행 상황을 판단, 수정하는 인공일반지능 기술의 가능성을 제시한 것이다.

제2장 인공일반지능 1: 오토지피티(AutoGPT) 이용하기

1. AutoGPT란?

AutoGPT는 GPT-4 언어 모델을 기반으로 한 오픈소스 파이썬 프로그램으로 AI 스타트업인 시그니피컨트 그래비타스(Significant Gravitas)가 개발하였다.

2023년 3월 30일 개발사에서는 AutoGPT를 코드 공유 플랫폼인 깃허브에 탑재하여 공개하였다. AutoGPT는 대형 언어 모델에 기반하여 이용자가 설정한 목표를 스스로 달성하는 인공일반지능(AGI)에 가장 근접한 프로그램이다. 'Auto'는 'Autonomous(자발적인)'의 약어로 자율적인 동작이 가능하다는 뜻이다. 따라서 인간이 개입하지 않아도 오류나 실수가 있을 때 자동으로 문제 해결 방법을 바꾸어가며 목표를 달성한다.

그래서 일각에서는 이러한 인공지능 기술의 발전 속도가 너무 빠른 것을 우려하는 목소리가 나오고 있다. 지구에 재앙 위험을 줄이는 목적으로 결성된 비영리 단체 FLI(Future of life Institute)는 최근 공개서한에서 인공지능이 인류에 중대한 위험을 초래할 수 있다고 하였고 대형 언어모델(LLM)인 Chat GPT와 같은 생성형 AI의 개발을 6개월간 중단해야 한다고 주장하기도 하였다.

[AutoGPT 개발사 시그니피컨트 그래비타스(Significant Gravitas) 트위터]
출처=시그니피컨트 그래비타스 트위터

Chat GPT 서비스는 2021년 9월 이전의 정보만 학습하였다는 한계가 있었다. GPT-3.5나 GPT-4는 플러그인 설치와 같은 별도의 조치가 없으면 인터넷과의 연결 없이 이미 학습한 일반적인 지식만을 이용해 답변한다. AutoGPT는 검색을 기반으로 한 최신 정보를 바탕으로 이러한 단점을 극복하고자 하였다. 따라서 인터넷 연결을 통해 필요한 정보를 검색하고 수집한다. 이를 통해 AutoGPT는 이용자의 개입 없이 스스로 판단하여 목표 달성이 가능하다.

이 밖에도 AutoGPT는 장기 및 단기 메모리를 스스로 관리하고 플러그인을 통한 확장성을 가진다.

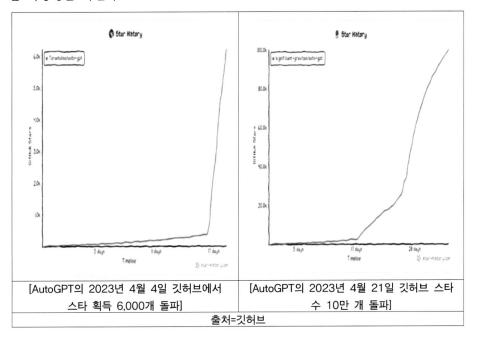

[AutoGPT의 2023년 4월 4일 깃허브에서 스타 획득 6,000개 돌파]	[AutoGPT의 2023년 4월 21일 깃허브 스타 수 10만 개 돌파]
출처=깃허브	

초기 인공일반지능의 출현이라고 할 만한 AutoGPT는 등장하자마자 사람들의 폭발적인 관심을 끌었다. 깃허브에서 이용자들의 관심도를 반영하는 지표인 스타 획득 개수에서 공개 5일 만인 4월 4일 6천 개를 넘었고, 4월 10일에는 2만 개, 그리고 한 달도 채 안 된 4월 21일에는 10만 개를 돌파하였다. 현재는 수많은 개발자들이 AutoGPT를 활용하여 목표를 입력해 과제를 해결한 사례를 트위터와 같은 SNS에 공유하고 있다.

그러나 아직 서비스 개발 초기 단계라 몇 가지 한계점도 있다. AutoGPT는 비교적 단순한 일은 잘 처리하지만 복잡하고 다양한 상황 속에서는 만족할만한 결과를 내지 못할 수도 있다. AutoGPT의 개발사인 시그니피컨트 그래비타스, OpenAI 등에서는 이러한 내용을 수집하고 문제점을 개선하고자 지속적으로 노력하고 있다.

AutoGPT를 이용하기 전에 사용자가 반드시 인지하고 있어야 할 점은 바로 이 프로그램이 문제 해결을 위해 Chat GPT를 이용하는 동안 API 키를 통해 토큰 사용 비용이 발생한다는 점이다. AutoGPT는 목표 달성 과정에서 Chat GPT 이 외에도 다양한 웹사이트를 이용한다. AutoGPT가 외부 사이트들과 통신하기 위해 서는 목표 달성에 이용할 사이트에서 API를 받아 입력하고 이에 대한 비용을 내야 한다. 오픈AI(OpenAI)를 비롯하여 API 키를 등록한 각 사이트에서 지속적으로 이용량을 측정하면 요금이 지나치게 많이 나오는 것을 예방할 수 있을 것이다. 그리고 AutoGPT를 통해 얻은 결과물이 저작권 등 법적인 문제가 있는지 판단하는 것은 아직까지 이용자의 몫이다.

다음은 AutoGPT와 Chat GPT의 대표적인 공통점과 차이점을 정리한 표이다.

	AutoGPT	Chat GPT
공통점	•GPT 아키텍처를 기반으로 함. •목표를 설정하면 이를 달성하는데 도움을 받을 수 있음. •플러그인 설치로 이메일 보내기, 이미지 생성 등 다양한 종류의 작업이 가능함. •코드를 생성하고 오류를 수정하여 개선할 수 있다.	
차이점	•사전에 여러 가지 오픈소스 프로젝트 툴이 설치되어 있어야 하고 기본적인 프로그램 언어에 대한 지식이 있어야 함. •인간 에이전트를 AI가 대체하여 의사결정 권한을 가질 수 있음. •주제와 관계없는 결과물이 생성될 수 있음. •작업에 필요한 컴퓨팅 리소스가 큼. •외부 사이트를 이용하기 위한 API 키의 이용료가 부고됨.	•대화형 챗봇으로 기본적인 스마트기기의 사용법을 알면 쉽게 이용이 가능함. •인간 에이전트가 의사결정 권한이 있음. •비교적 일관성 있고 주제와 밀접한 콘텐츠 생성이 가능함. •다양한 언어 환경에서의 사용을 지원함. •특정한 도메인에서 이용자의 훈련에 의해 성능을 향상시킬 수 있음.

[AutoGPT와 Chat GPT의 공통점과 차이점]

Significant Gravitas ✔
@SigGravitas

Massive Update for Auto-GPT: Code Execution! 🤖💻

Auto-GPT is now able to write it's own code using #gpt4 and execute python scripts!

This allows it to recursively debug, develop and self-improve... 🐺🙌

트윗 번역하기

[AutoGPT가 코드를 읽고, 쓰고, 개선한 사례]
출처=시그니피컨트 그래비타스 트위터

2. AutoGPT 이용해 보기

* 2023년 8월 현재 AutoGPT는 v0.3.0이 개발되어 있다.

가. 미리 알고 있으면 좋은 프로그래밍 상식

1) 도커(Docker)란?

AutoGPT의 가이드를 보면 '도커'라는 용어가 많이 나온다.

도커는 작업환경을 세팅하여 저장해놓고 불러올 수 있는 것을 의미한다. 만약 컴퓨터를 새로 샀다고 가정해보자. 이때 새 컴퓨터에 파워포인트, 엑셀, 한글, 크롬 브라우저 등을 일일이 새로 설치해야 할 것이다. 또는 PPT를 만들어 강의를 하러 새로운 강의실에 가서 작업했던 PC가 아닌 새 PC를 활용할 때도 PPT에 없는 폰트를 새로 설치하느라 분주했던 경험이 있을 것이다.

새로운 서버에서 작업하는 것도 이와 마찬가지이다. 파이썬과 같은 언어, 데이터베이스 등을 버전에 맞게 설치하고 환경을 새로 설정하는 일은 매우 복잡하고 노력과 시간이 많이 든다. 하나의 서버에서 기존에 파이썬 3.9 버전으로 실행하고 있었는데 새로운 작업은 파이썬 3.10 이후 버전에서 작동한다면 여러 설정을 다시 조정해야 하는 번거로움이 있다.

도커를 이용하면 이러한 문제를 해결할 수 있다. 도커를 이용해 기존 작업환경을 도크 허브에 저장하여 공유하고 다운로드할 수 있다.

도커는 작업환경을 독립된 가상의 공간인 '컨테이너'에 설치한다. 각 컨테이너들은 같은 운영체제를 공유하여 작동하기 때문에 컨테이너가 나뉘어 있어도 컴퓨터 성능 저하가 나타나지 않는 장점이 있다.

AutoGPT를 실행하기 위해 설치가 필요한 프로그램들은 아래와 같다. 도커, 파이썬 3.10이상 버전의 파이썬, VSCode + devcontainer 설치이다.

AutoGPT를 이용할 때 컴퓨터 시스템과 데이터 보호를 위해 보안을 강화해야 하는 경우에도 가상 머신인 도커 컨테이너를 이용하는 것이 추천된다. 왜냐하면 도커를 실행하면 미리 설정된 최적의 환경에서 AutoGPT가 PC의 리소스들을 실행할 수 있기 때문이다.

또한 도커를 설치하고 AutoGPT를 이용하는 것이 설치 시간도 적게 들고 안정적으로 시스템을 구동할 수 있기 때문에 도커 설치 후 AutoGPT 이용이 추천된다.

2) API KEY란?

API는 'Application Programming Interface'의 약자이다. 여기서 '어플리케이션(Application)'은 일정한 기능을 하는 소프트웨어를 의미한다. '인터페이스(Interface)'는 여러 어플리케이션들 간의 상호 계약이라고 할 수 있다. 어플리케이션끼리 서로 통신하기 위해서는 이를 위한 방법이 담긴 정보가 있어야 하는데 이 정보가 바로 API 키에 들어있다. 쉽게 말해 API는 레스토랑에서 서빙을 하는 웨이터라고 할 수 있다. 웨이터는 손님의 주문을 받아 주방장에게 이를 전달한다. 주방장은 만든 음식을 웨이터를 통해 손님에게 전달하는 역할을 한다.

예를 들면, AutoGPT가 목표를 달성하기 위해 외부 어플리케이션인 Chat GPT-4를 이용한다고 할 때 AutoGPT와 Chat GPT-4가 서로 통신하는 방법이 필요하다. 이 방법이 OpenAI의 API 키 안에 담겨 있다. 일반적으로 API 키를 이용하는 횟수에 비례하여 이용 요금도 그만큼 더 부과된다.

나. AutoGPT 설치를 위한 사전 작업

Step1 - 설치 필요 사항 알아보기 with Github -

AutoGPT를 구동하기 위해서는 파이썬 3.10 이상의 버전, 깃(Git), 비쥬얼 스튜디오 코드(Visual Studio Code)설치가 필요하다. 비쥬얼 스튜디오 코드는 메모장으로도 대체가 가능하지만 좀 더 편하게 작업하기 위해서는 비쥬얼 스튜디오 코드를 설치해 주는 것이 좋다.

AutoGPT의 깃허브에 주소에 접속하면 설치 및 사용 설명과 AutoGPT에 관한 최신 정보를 확인할 수 있다.

❶ 깃허브의 AutoGPT 페이지에 접속한다.

[AutoGPT가 탑재된 깃허브 주소]
(https://github.com/Significant-Gravitas/AutoGPT)

- 17 -

❷ AutoGPT 구동에 필요한 소프트웨어 사양을 확인하기 위해 [documentation] -[setup] 순으로 클릭한다.

원도우 버전의 Python 3.10 혹은 그 이후 버전이 필요한 내용 등이 나와 있는 것을 볼 수 있다.

[AutoGPT 설치 방법 documentation]	[AutoGPT setting up 방법]

Step2 - 소프트웨어 설치하기 -

1) 도커(Docker) 설치하기

❶ 구글 검색 창에 'Docker'를 검색하고 홈페이지에 접속한다.

[구글 검색 창에 'docker' 검색하기]

❷ 화면 중앙의 버튼을 눌러 운영체제에 맞는 도커를 다운로드 한다.

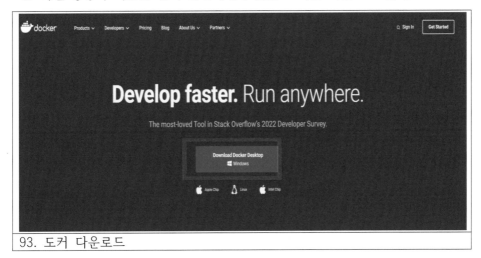

93. 도커 다운로드

❸ 대화상자의 안내된 절차에 따라 도커를 설치하고 재부팅을 한다.

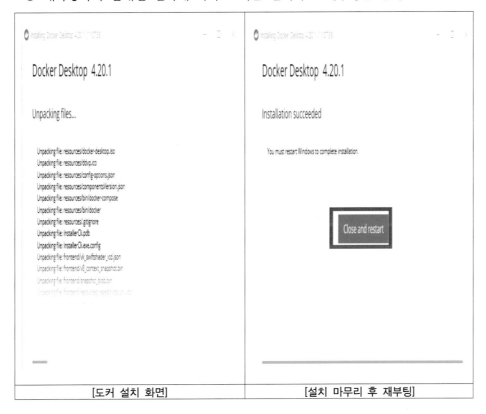

| [도커 설치 화면] | [설치 마무리 후 재부팅] |

❹ 도커를 실행한다.

Tip1. 디버그 방법: 하드웨어 가속 가상화 활성화 필요 에러가 발생했을 때

도커를 실행하는데 내 PC의 환경이 맞지 않으면 다양한 에러가 발생할 수 있다. 에러가 해결되지 않은 경우 도커가 실행되지 않고 종료된다.

"Docker Desktop is unable to detect a hypervisor" 라는 오류가 발생할 경우, 이는 하드웨어 가속 가상화 또는 하이퍼바이저(hypervisor) 지원이 시스템에서 활성화되지 않았음을 나타낸다.

이 문제를 해결하려면, 하드웨어 가속 가상화를 활성화하고, Windows에서 하이퍼바이저를 사용 설정해야 한다.

두 가지 방법이 있는데 첫 번째는 컴퓨터를 처음 구동할 때 [BIOS] 또는 [UEFI] 메뉴에 들어가서 해결하는 방법이다. 'Advanced', 'Processor' 또는 'CPU Configuration'과 같은 섹션을 찾는다. 그런 다음 'Virtualization', 'Virtualization Technology', 'VT-X' 또는 유사한 이름의 옵션을 찾아 활성화하여 설정을 저장하고 재부팅을 하면 된다. 대게 [F10] 버튼을 누르면 설정을 저장하고 재부팅 할 수 있다.

두 번째 방법은 윈도우 내에서 해결하는 방법이다. [Ctrl]+[Shift]+[Esc]를 눌러 관리자 권한으로 명령 프롬프트를 실행한 후, Hyper-V와 Windows Hypervisor Platform을 설치해주면 해결할 수 있다.

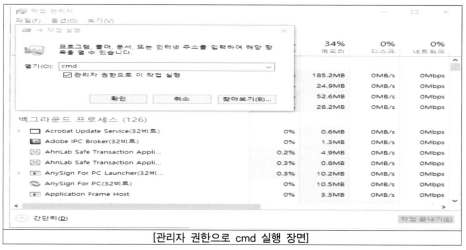

[관리자 권한으로 cmd 실행 장면]

Hyper-V 설치 커맨드	dism.exe /Online /Enable-Feature:Microsoft-Hyper-V /All
Windows Hypervisor Platform 설치 커맨드	dism.exe /Online /Enable-Feature /All /FeatureName:HypervisorPlatform

[설치 커맨드]

Tip2. 디버그 방법: 'Update the WSL kernel by running "wsl —update" or follow instructions at' 에러 메시지

WSL 커널 업데이트로 해결할 수 있다. 앞에서와 마찬가지로 윈도우에서 관리자 권한으로 명령 프롬프트를 실행하고 커맨드 창에 "wsl --update"를 입력하여 업데이트한 후 재부팅을 하면 에러를 해결할 수 있다.

이제 도커를 사용할 준비가 되었다.

[도커 실행 화면]

2) 파이썬(python) 설치 방법

❶ 파이썬 홈페이지(https://www.python.org/)에 접속하여 상단 메뉴바의 Downloads를 선택하여 나오는 Python 3.11.3을 설치한다.

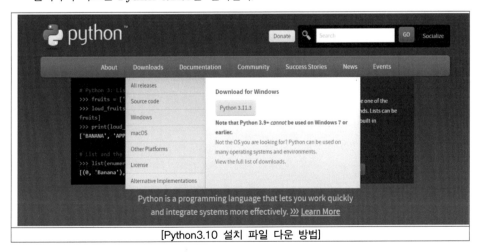

[Python3.10 설치 파일 다운 방법]

이때 'pip'를 반드시 체크해주어야 한다.

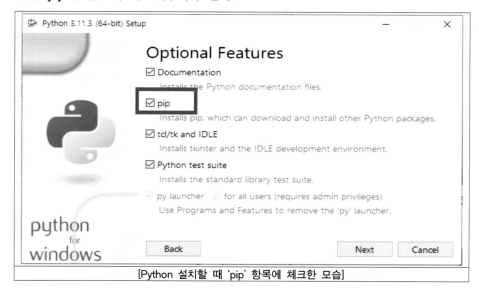

[Python 설치할 때 'pip' 항목에 체크한 모습]

3) 깃(Git) 설치하기

❶ 깃 홈페이지(https://git-scm.com/)에 접속하여 화면 중앙의 [Dowonload for Windows]를 클릭한다.

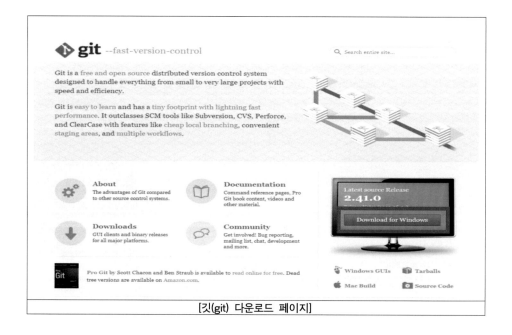

[깃(git) 다운로드 페이지]

❷ 알맞은 운영체제 사양을 선택하여 다운로드 한다.

[깃 64비트 설치 안내]

4) 비주얼 스튜디오 코드(Visual Studio Code) 설치방법
❶ 비주얼 스튜디오 코드 홈페이지(https://code.visualstudio.com/)에 접속한다.

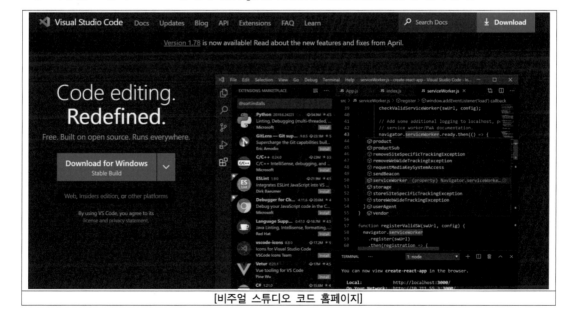

[비주얼 스튜디오 코드 홈페이지]

❷ 화면 오른쪽 상단의 [Download]를 누른 후, 윈도우 버전을 다운로드 한다.

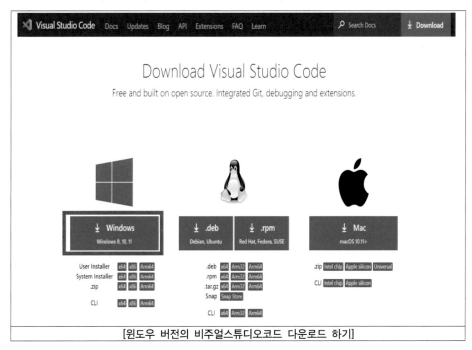
[윈도우 버전의 비주얼스튜디오코드 다운로드 하기]

❸ 절차에 따라 비주얼 스튜디오 코드를 설치한다.

다. AutoGPT 설치&설정 방법

1) AutoGPT 구성파일 설치하기

❶ AutoGPT 프로젝트의 폴더를 생성한다. 이를 위해 명령 프롬프트를 열어 아래의 커맨드를 입력한 후 엔터 키를 누른다.

mkdir AutoGPT - 폴더 생성 명령어
cd AutoGPT - AutoGPT 폴더로 이동 명령어

[명령 프롬프트에 AutoGPT 폴더 만들기]

❷ 깃을 이용해 AutoGPT 파일을 다운로드 한다. AutoGPT 깃허브로 돌아와 깃을 이용해 설정(Setup)하는 방법이 나온 매뉴얼의 내용을 확인한다.

❸ 매뉴얼에 나온 저장소(repository) 코드를 드래그하여 복사한다.

  〔git clone -b stable https://github.com/Significant-Gravitas/AutoGPT.git〕

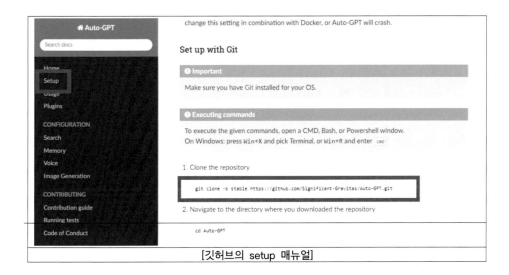

[깃허브의 setup 매뉴얼]

❹ 명령 프롬프트에 복사한 저장소 코드를 붙여넣기 한다.

[명령 프롬프트에 저장소 코드 붙여넣기]

엔터 키를 누르면 현재 폴더에 AutoGPT 파일들이 다운로드 되며 소스가 복사된다.

[저장소의 AutoGPT 소스가 복사된 장면]

파일탐색기의 AutoGPT 폴더에 들어가 보면 다음과 같이 AutoGPT 소스 복사가 완료되어 파일이 생성된 것을 확인할 수 있다.

[파일탐색기를 통해 확인한 AutoGPT 소스 복사 결과]

Tip. 코드를 복사하는 다른 방법도 있다.

AutoGPT 깃허브에서 [Code]를 클릭하고 [Local] 탭을 선택한 후, 코드 복사를 한다.

[AutoGPT 코드 받기]

Tip. 파인콘을 이용하여 메모리를 외부에 저장하는 방법도 있다.

2) AutoGPT 설정하기

❶ 비주얼 스튜디오 코드를 실행한다. [Open Folder]에서 'AutoGPT' 폴더를 선택한다.

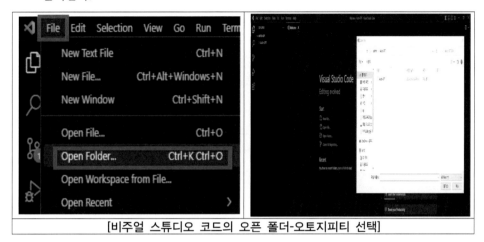

[비주얼 스튜디오 코드의 오픈 폴더-오토지피티 선택]

❷ 왼쪽의 프로젝트 폴더에서 'docker-compose.yml'의 이름으로 된 파일을 [Ctrl]+F를 이용해 검색하여 찾아 클릭한다. 그런 다음 [docker-compose.yml] 파일의 코드를 작성한다. 안에 들어갈 코드 내용은 AutoGPT 깃허브의 setup 매뉴얼에서 가져올 수 있다.

[docker-compose.yml] 파일을 클릭하면 아직 코드가 완성되어 있지 않은 것을 볼 수 있다.

[docker-compose.yml 파일 코드 작성 전 화면]

❸ AutoGPT의 깃허브에 있는 setup 메뉴얼에 들어가 docker-compose.yml 코드를 복사한다.

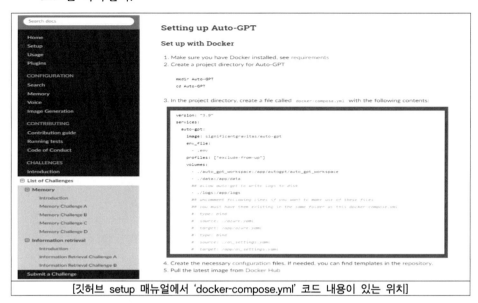

[깃허브 setup 매뉴얼에서 'docker-compose.yml' 코드 내용이 있는 위치]

❹ 복사한 코드를 docker-compose.yml 파일 안에 입력해준다.

[docker compose yml 코드 입력]

❺ 상단의 메뉴에서 [view]-[terminal] 순으로 선택한다. 그러면 아래에 명령어를 입력할 수 있는 창이 나온다.

[터미널(terminal) 명령어 입력창]

Tip. 명령어를 텍스트로 입력하는 방식을 '커맨드 라인 인터페이스(Command Line Interface: CLI)'라고 한다. 반면에 이용자가 아이콘 등의 시각적 툴로 상호 작용하는 방식을 '그래픽 유저 인터페이스(Graphic User Interface: GUI)'라고 한다.

❻ docker hub에서 최신 이미지를 가져온다. 커맨드 창에 'docker pull signifi -cantgravitas/AutoGPT'를 입력한 후 엔터키를 눌러 실행한다.

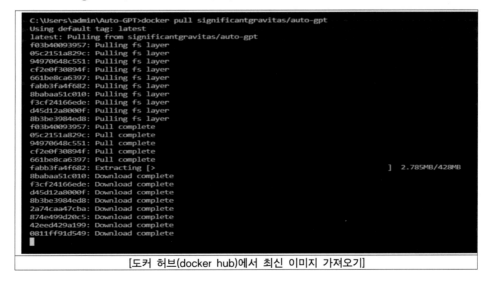

[도커 허브(docker hub)에서 최신 이미지 가져오기]

3) AutoGPT 실행을 위한 API 키 입력하기
- API 키 발급받기

AutoGPT를 사용하기 위해서는 사전에 연결된 사이트로부터 발급받은 API 키를 넣어주어야 한다.

가) OpenAI에서 API 키 받기

❶ 구글 검색창에 'OpenAI API'를 검색하여 나오는 'https://openai.com/blog/openai-api' 사이트에 접속한 후, 원하는 방법으로 로그인한다.

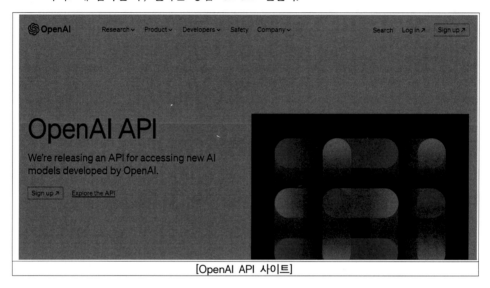

[OpenAI API 사이트]

❷ API를 선택한다.

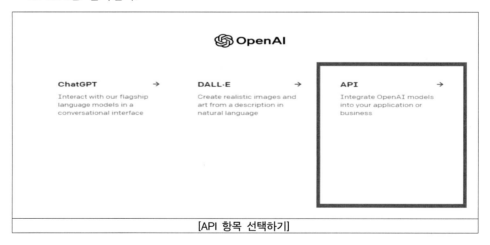

[API 항목 선택하기]

❸ 오른쪽 상단의 [Personal]-[View API keys] 순으로 선택한다.

[API 키 확인하기]

❹ [Create new secret key]를 눌러 API 키를 생성한다.

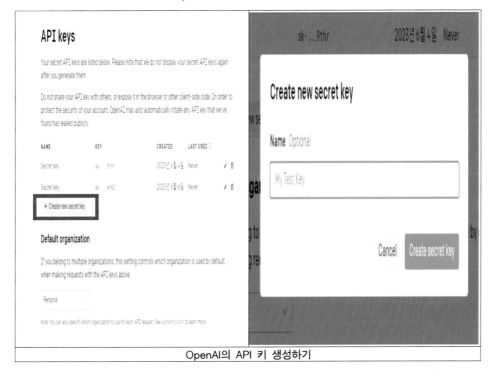

OpenAI의 API 키 생성하기

❺ 복사 아이콘을 눌러 생성한 API 키를 복사한다.

[API 키 복사하기]

Tip. 키를 복사하고 창을 닫은 후에는 키의 값을 확인할 수 없으므로 주의해야 한다. 단, 키를 붙여넣기 한 코드 파일 안에 들어가면 키의 값이 남아 있으므로 확인이 가능하다.

❻ 화면 왼쪽의 [Billing]-[Payment methods] 순으로 선택한 후, 화면 중앙의 [Add payment method]를 눌러 결제할 카드 정보와 이름, 주소 등을 입력한다.

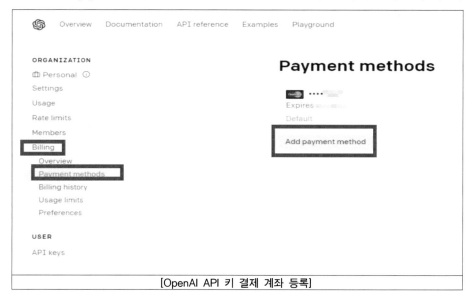

[OpenAI API 키 결제 계좌 등록]

❼ 결제 정보를 지정하였으면 사용 한도를 지정해야 계획보다 요금이 많이 나오는 것을 막을 수 있다. [Manage account]를 클릭한다.

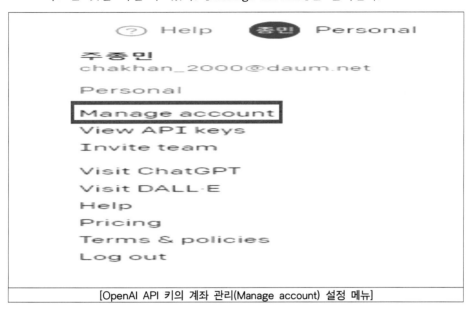

[OpenAI API 키의 계좌 관리(Manage account) 설정 메뉴]

❽ [Billing]-[Usage limits] 메뉴에 들어간다.

[결제 한도 설정 메뉴]

'Hard limit'와 'Soft limit'를 설정하는 부분이 있다. 'Hard limit' 항목에 금액을 입력하면 설정된 금액의 한도에 달하면 API 키의 접속을 차단하는 옵션이고, 'Soft limit' 항목은 설정된 금액의 한도에 달하면 API 키의 접속이 차단되지는 않지만 이메일로 이를 알려주는 옵션이다.

❾ 한도 금액 설정을 완료하면 [Save] 버튼을 클릭한다.

Tip. OpenAI API 키 사용 금액 확인 방법

OpenAI API에 접속하여 화면 왼쪽 상단의 [Personal]-[Manage account] 순으로 선택한다.

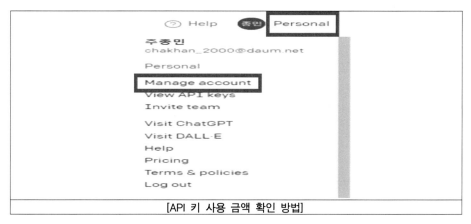
[API 키 사용 금액 확인 방법]

화면 좌측의 [Usage]를 클릭하면 다음과 같이 그래프와 함께 API 사용량을 점검할 수 있다.

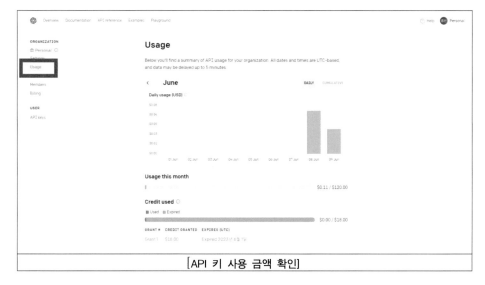
[API 키 사용 금액 확인]

나) 발급받은 OpenAI 키 넣는 방법

비주얼 스튜디오 코드를 이용해 '.env.template' 파일의 코드에 들어가 보면 58행에 OpenAI 키를 넣는 자리가 비어 있는 것을 볼 수 있다. 여기에 발급받은 Open AI 키를 발급받아 넣어줘야 한다.

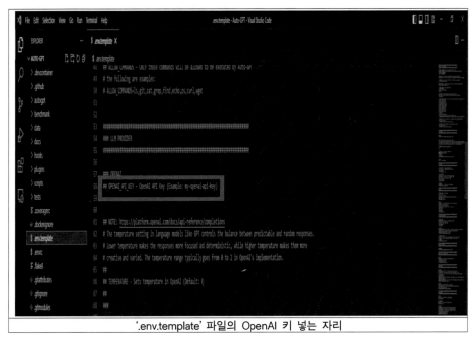

'.env.template' 파일의 OpenAI 키 넣는 자리

'.env.template'에서 템플릿(template)은 말 그대로 예시 파일이므로 마우스 오른쪽 버튼을 클릭하여 [rename] 메뉴를 선택하고 'template' 부분을 삭제하여 파일 이름을 'env'로 수정해준다.

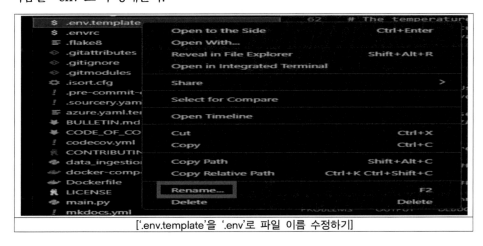

['.env.template'을 '.env'로 파일 이름 수정하기]

env. 파일의 코드 중 'your-openai-api-key' 부분에 복사한 키를 붙여넣기 해준다.

```
68   ###
69
70   ## USE AZURE - Use Azure OpenAI or not (Default: False)
71   OPENAI_API_KEY=your-openai-api-key
72   # TEMPERATURE=0
```

[OpenAI API 키를 붙여넣기 할 위치]

Tip. 1. API 키는 보안을 유지해야 하므로 다른 사람과 절대 공유하지 않아야 한다.
Tip. 2. API가 AutoGPT에서 동작하기 위해서는 먼저 결제 정보를 등록해주어야 한다.
　　　　무료 계정으로도 이용 가능하지만 API 호출이 분당 3개로 제한되어 기능을
　　　　원활히 이용하기 어렵다.
Tip. 3. 비주얼 스튜디오 코드를 이용해 코드를 수정한 경우, 반드시 '저장'을
　　　　해주어야 수정 내용이 반영된다.

다) 구글 Custom Search API 키 발급받기

이번에는 구글의 Custom Search API 키를 생성하는 방법을 알아보겠다. 사전에
구글 클라우드 계정을 생성한다. 2023년 6월 현재 무료 체험판으로도 $300 상당의
크래딧을 이용하는 게 가능하다.

❶ 구글 클라우드에 접속하여 콘솔로 이동한다.

[구글 클라우드-콘솔 접속하기]

❷ 홈페이지 왼쪽 상단의 [프로젝트 선택]을 누르면 나오는 대화창에서 [새 프로젝트]
를 클릭한다.

[프로젝트 선택-새 프로젝트 클릭]

❸ 프로젝트 이름을 입력한 후 [만들기]를 클릭한다.

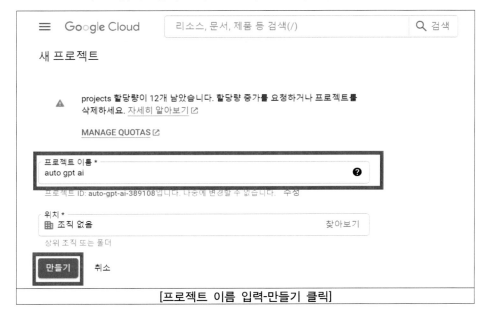

[프로젝트 이름 입력-만들기 클릭]

❹ 화면 왼쪽 상단에서 만든 프로젝트를 선택하고 [가로선 3개가 있는 메뉴]-
[API 및 서비스]-[라이브러리] 순으로 선택한다.

[프로젝트 선택-메뉴-api및 서비스-라이브러리]

❺ 기타 카테고리에서 [Custom Search API] 항목을 클릭한다.

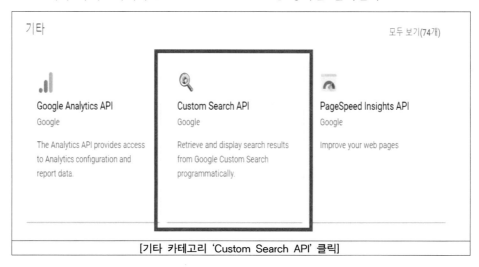

[기타 카테고리 'Custom Search API' 클릭]

❻ [사용] 버튼을 클릭한다.

['사용'을 클릭]

❼ 화면 오른쪽에 있는 [사용자 인증정보 만들기]를 클릭한다.

[사용자 인증정보 만들기]

❽ 사용자 인증정보-[+사용자인증정보만들기]-[API키] 순으로 클릭한다.
생성된 구글 API 키를 복사 아이콘을 눌러 클립보드에 복사한다.

[구글 API 키 생성 복사하기]

Tip. 무료 검색 쿼터는 최대 100건까지 검색이 허용된다. 유료계정을 이용하면
하루 최대 10,000건의 검색을 할 수 있다.

라) 발급받은 구글 Custom Search API 키 입력하는 방법

다시 비주얼 스튜디오 코드로 돌아와서 구글 API 키를 '.env' 파일의 해당 코
드 자리에 넣어준다. 코드 넣을 위치를 쉽게 찾기 위해서 'env' 파일 코드의 구글
'Ctrl+F' 키를 눌러 'google'을 검색하여 API 키 넣을 곳을 찾는다.
여기에서는 178행이 구글 API 키를 넣을 곳인 것을 알 수 있다. 복사한 코드를
'your-google-api-key' 부분에 넣어준다.

```
174
175    ### GOOGLE
176    ## GOOGLE_API_KEY - Google API key (Example: my-google-api-key)
177    ## CUSTOM_SEARCH_ENGINE_ID - Custom search engine ID (Example: my-custom-search-engine-id)
178    # GOOGLE_API_KEY=your-google-api-key
179    # CUSTOM_SEARCH_ENGINE_ID=your-custom-search-engine-id
180
```

[구글 API 키 넣는 곳]

마) 구글 'Search Engine ID' 발급받아 입력하기

다음으로 구글 'Search Engine ID'를 넣어주어야 한다. 여기에서는 179행에 입력해주면 된다. 178행에는 앞에서 입력한 구글 API 키의 값이 입력된 것을 볼 수 있다.

['.env' 파일의 구글 'search engine id' 넣는 곳]

❶ 구글 검색 창에 'google cse'를 검색하여 사이트에 접속한 후, [추가]를 클릭한다.

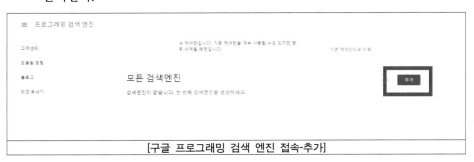

[구글 프로그래밍 검색 엔진 접속-추가]

❷ 검색 엔진 이름을 넣어주고, 검색할 내용은 '전체 웹 검색'으로 선택 후, '로봇이 아닙니다.'에 체크해 주고 [만들기]를 클릭한다.

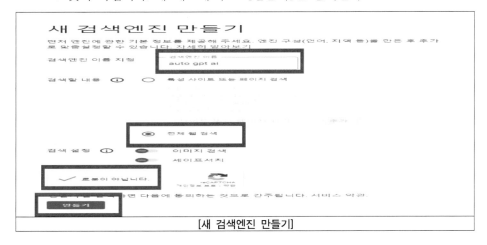

[새 검색엔진 만들기]

새 검색 엔진이 만들어졌다. 검색 엔진의 ID를 확인하기 위해 하단의 [맞춤설정]을 클릭한다.

[맞춤설정을 클릭하여 검색엔진의 ID 확인]

[복사하기 아이콘]을 눌러 만들어진 검색엔진의 아이디를 복사한다.

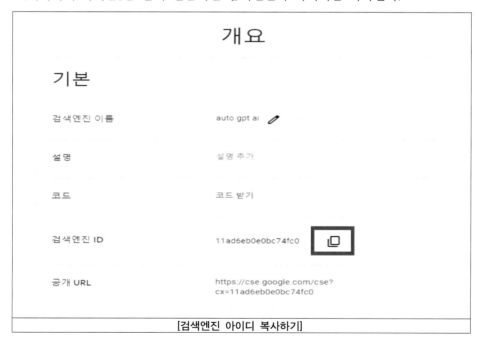

[검색엔진 아이디 복사하기]

비주얼 스튜디오 코드로 돌아와 구글 검색엔진 아이디를 해당 위치에 붙여넣기 한다.
Tip. 이 밖에도 다양한 사이트의 API 키를 발급받아 작업을 할 때 활용할 수 있다. 예를 들어, 트위터 API 키를 넣고자 한다면 .env 파일의 코드에 들어가 발급받은 트위터 API 키를 입력할 수 있다. 다양한 사이트의 API 키를 넣으면 작업 결과물의 완성도는 높겠지만 그만큼 비용이 많이 들어가므로 주의해야 한다.

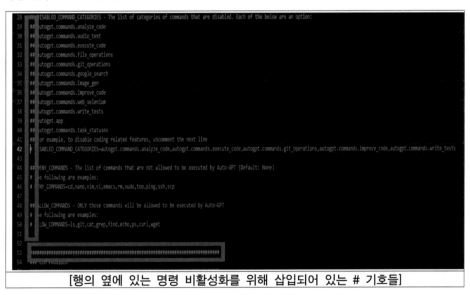

[.env 파일에서 twitter api 넣는 위치]

바) 명령 범주의 비활성화 방법

비주얼 스튜디오 코드를 이용해 env. 파일의 코드에서 명령 그룹을 선택적으로 비활성화 할 수 있다.

[행의 옆에 있는 명령 비활성화를 위해 삽입되어 있는 # 기호들]

코드 내용을 살펴보면 각 행 번호 앞에 '#' 기호가 있는 것을 볼 수 있다. '#' 기호는 프로그래밍 언어에서 주석을 나타내는데 사용된다. 주석은 코드를 읽는 사람에게 해당 코드의 기능이나, 특정 부분이 어떤 일을 하는지 설명하는 데 도움이 된다. 또한 주석을 사용하여 코드의 특정 부분을 '비활성화'하거나 '활성화' 할 수 있다. 이는 주로 디버깅(debugging)이나 코드 테스트를 수행할 때 활용된다.

위의 예에서 42행은 '#' 기호로 시작한다. '#'으로 시작하면 주석으로 처리되고 실행되지 않는다. 따라서 코드의 일부를 비활성화하려면 해당 코드 라인 앞에 '#' 기호를 추가하면 된다. 이 코드 라인을 활성화하려면 '#' 기호를 제거하면 된다.

'#'의 개수에 따른 차이는 다음과 같다. '#' 기호는 헤더 또는 제목을 나타낸다. 이는 문서에서 가장 크고 두꺼운 제목을 나타낸다. '##' 기호는 두 번째 수준의 헤더 또는 제목을 나타낸다. '###' 기호는 세 번째 수준의 헤더 또는 제목을 나타낸다. 이것은 ##'보다는 하위 범주의 제목을 나타낸다.

[코드 행 앞에 '#'이 있어 코드가 비활성화 되어 있는 모습]

코드 행 앞에 있는 '#'을 삭제하여 코드를 활성화한 모습

[코드의 42번째 행 앞에 '#'을 삭제하여 코드를 활성화 한 모습]

4) 모듈 설치하기

AutoGPT를 가동하기 위해서 필요한 모듈을 설치해 주어야 한다. 여러 가지 모듈이 필요한데 이를 하나씩 설치하려면 번거롭다. 따라서 한꺼번에 설치하는 방법을 알아보겠다.

비주얼 스튜디오에서 AutoGPT 프로젝트 디렉토리의 터미널 커맨드 창 에서 'pip install -r requirements.txt'를 입력하고 엔터키를 누르면 모든 모듈이 한꺼번에 설치되기 시작한다.

[모듈 일괄 설치 화면]

Tip. 모듈을 찾지 못한다는 에러 메시지가 나올 때 해결 방법.

방법1. 터미널 커맨드 창 에서 'pip install -r requirements.txt'를 입력하였는데 'ModuleNotFoundError: No module named 해당 모듈 이름' 메시지가 나오는 경우, 커맨드 창에 'pip install (해당 모듈의 이름)'을 입력하여 모듈을 설치해주면 된다.

[실행했는데 모듈을 찾지 못했다고 나오는 경우]

방법2. pip install 명령어로 해결되지 않는 경우

상황에 따라 다양한 해결방안이 필요한 경우가 있다. 예를 들어, 어떤 경우에는 설치한 파이썬 모델 버전이 맞지 않아 업그레이드를 해야 하는 경우가 있다. 이러한 경우에는 ChatGPT를 실행하여 오류가 난 커맨드 창의 내용을 복사하여 붙여넣기 하면 ChatGPT가 디버그를 위한 해결방안을 제시해 준다.

 Getting requirements to build wheel did not run successfully.

| exit code: 1

└─> See above for output.

 "Getting requirements to build wheel did not run successfully"라는 에러 메시지는 파이썬 패키지 설치 과정에서 'wheel' 파일을 빌드하는데 필요한 의존성이 충족되지 않았음을 나타냅니다. 'wheel'은 파이썬 패키지를 배포하는 표준 형식 중 하나입니다.

여기서 문제를 해결하는 방법은 상황에 따라 다릅니다. 에러 메시지의 "See above for output" 부분에 문제의 원인과 해결책이 나와있을 수 있으므로, 그 부분을 확인해 보세요.

그럼에도 불구하고 해결이 되지 않는다면, 다음과 같은 일반적인 해결책을 시도해 볼 수 있습니다:

1. **패키지 업그레이드**: `pip install --upgrade pip setuptools wheel` 명령으로 pip, setuptools, wheel을 최신 버전으로 업그레이드해 보세요. 이 명령은 파이썬 패키지 설치에 관련된 주요 도구들을 최신 상태로 유지해 줍니다.

2. **의존성 설치**: 에러 메시지에서 어떤 패키지나 라이브러리가 필요한지 명시되어 있다면, 그 것을 설치해 보세요. 예를 들어, C++ 컴파일러나 특정 라이브러리 등이 필요할 수 있습니다.

3. **바이너리 패키지 사용**: pip에서 패키지를 설치할 때는 소스 코드를 컴파일하는 방식과 사전에 컴파일된 바이너리를 사용하는 방식 두 가지가 있습니다. 가능하다면 바이너리 패키지를 사용하는 것이 간편할 수 있습니다. 이 경우 `pip install --only-binary :all: 패키지 이름` 명령을 사용할 수 있습니다.

4. **패키지 버전 확인**: 문제가 발생하는 패키지의 버전이 너무 낮거나 너무 높아서 호환성 문제가 발생하는 경우도 있습니다. 다른 버전의 패키지를 설치해 보세요.

[ChatGPT가 제시해준 오류 문제 해결 방법]
출처=ChatGPT

라. AutoGPT 실행방법

1) 도커(Docker)로 실행하기

❶ 다음의 커맨드를 명령 프롬프트에 입력한다.

'docker-compose run --rm AutoGPT'

종료할 때는 [Ctrl]+[C]를 클릭하면 된다.

Tip1. 이때 반드시 도커가 실행 중이어야 한다.

Tip2. AutoGPT에 목표를 입력하면 'prompt_settings.yaml wasn't found' 오류가
나오며 실행이 되지 않는 경우가 있다.

[prompt_settings 파일을 찾을 수 없다는 오류 메시지]

이러한 경우에는 [prompt_settings.yaml] 파일이 AutoGPT 파일과 같은
폴더에 있는지 확인해보고 그래도 파일을 찾을 수 없다고 나올 경우, AutoGPT
폴더 안에 있는 [docker-compose.yml] 파일의 코드를 수정해주면 된다.

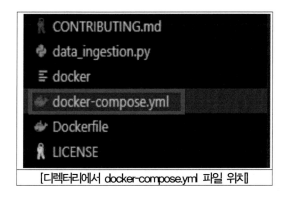

[디렉터리에서 docker-compose.yml 파일 위치]

volumes 섹션에 './prompt_settings.yaml:/app/prompt_settings.yaml' 문구를 한줄 추가해준 후, 터미널 창에 'docker-compose build AutoGPT'를 입력하고 난 후 실행하면 해결이 된다.

```yaml
docker-compose.yml
1    version: "3.9"
2    services:
3      auto-gpt:
4        image: significantgravitas/auto-gpt
5        env_file:
6          - .env
7        profiles: ["exclude-from-up"]
8        volumes:
9          - ./auto_gpt_workspace:/app/autogpt/auto_gpt_workspace
10         - ./data:/app/data
11         - ./logs:/app/logs
12         - ./prompt_settings.yaml:/app/prompt_settings.yaml
13         ## uncomment following lines if you want to make use of these files
14         ## you must have them existing in the same folder as this docker-compose.yml
15         #- type: bind
16         #  source: ./azure.yaml
17         #  target: /app/azure.yaml
18         #- type: bind
19         #  source: ./ai_settings.yaml
20         #  target: /app/ai_settings.yaml
```

[코드 수정으로 prompt_settings 파일을 찾을 수 없는 오류 해결 모습]

2) 도커(Docker) 없이 실행하기

❶ 매뉴얼의 AutoGPT 실행 방법 안내를 확인한다. 가상환경 만들기에 대한 안내가 나와 있다. 도커를 이용하지 않고 실행할 때 가상환경을 만드는 경우 보안상 이유로 실행이 매끄럽지 못한 경우가 있을 수 있다. 하단에 있는 운영체제별 실행 명령프롬프트를 확인한다.

Run without Docker

Create a Virtual Environment

Create a virtual environment to run in.

```
python -m venv venvAutoGPT
source venvAutoGPT/bin/activate
pip3 install --upgrade pip
```

> ⚠ **Warning**
>
> Due to security reasons, certain features (like Python execution) will by default be disabled when running without docker. So, even if you want to run the program outside a docker container, you currently still need docker to actually run scripts.

Simply run the startup script in your terminal. This will install any necessary Python packages and launch Auto-GPT.

- On Linux/MacOS:

    ```
    ./run.sh
    ```

- On Windows:

    ```
    .\run.bat
    ```

[AutoGPT 실행 안내문]

---

❷ AutoGPT를 실행할 가상환경을 만들어준다. 도커로 실행할 경우 도커에 가상환경이 만들어져 있기 때문에 가상환경을 만들지 않아도 되지만 도커 없이 실행할 경우 가상환경을 만들어주어야 한다.

❸ 비주얼 스튜디오의 커맨드 창에 다음의 문구를 입력한 후 엔터 키를 누른다.

```
python -m venv venvAutoGPT
source venvAutoGPT/bin/activate
pip3 install --upgrade pip
```

Tip. AutoGPT 도움말을 보는 방법
커맨드 창에 다음 명령어를 입력한다.

```
.\run.bat --help
```

그러면 다음과 같이 도움말이 나온다.

```
Usage: python -m autogpt [OPTIONS] COMMAND [ARGS]...

  Welcome to AutoGPT an experimental open-source application showcasing the
  capabilities of the GPT-4 pushing the boundaries of AI.

  Start an Auto-GPT assistant.

Options:
  -c, --continuous            Enable Continuous Mode
  -y, --skip-reprompt         Skips the re-prompting messages at the
                              beginning of the script
  -C, --ai-settings TEXT      Specifies which ai_settings.yaml file to
                              use, will also automatically skip the re-
                              prompt.
  -P, --prompt-settings TEXT  Specifies which prompt_settings.yaml file to
                              use.
  -l, --continuous-limit INTEGER  Defines the number of times to run in
                              continuous mode
  --speak                     Enable Speak Mode
  --debug                     Enable Debug Mode
  --gpt3only                  Enable GPT3.5 Only Mode
  --gpt4only                  Enable GPT4 Only Mode
  -m, --use-memory TEXT       Defines which Memory backend to use
  -b, --browser-name TEXT     Specifies which web-browser to use when
                              using selenium to scrape the web.
  --allow-downloads           Dangerous: Allows Auto-GPT to download files
                              natively.
  --skip-news                 Specifies whether to suppress the output of
                              latest news on startup.
  --install-plugin-deps       Installs external dependencies for 3rd party
                              plugins.
  --help                      Show this message and exit.
계속하려면 아무 키나 누르십시오 . . . []
```

[AutoGPT의 도움말을 호출한 화면]

이를 직역하면 다음과 같다.

"사용 방법: python -m AutoGPT [옵션] 커맨드 [인수]...

AutoGPT에 오신 것을 환영합니다. 이것은 GPT-4의 능력을 보여주는 실험적인 오픈 소스 응용 프로그램으로 AI의 경계를 더욱 밀어붙입니다.

AutoGPT 도우미를 시작합니다.

옵션:
-c, --continuous 연속 모드 활성화
-y, --skip-reprompt 스크립트 시작 시 재진행 메시지 건너뛰기
-C, --ai-settings TEXT 사용할 ai_settings.yaml 파일을 지정, 재진행을 자동으로 건너뜀.
-P, --prompt-settings TEXT 사용할 prompt_settings.yaml 파일을 지정합니다.
-l, --continuous-limit INTEGER 연속 모드에서 실행할 횟수를 정의
--speak Speak 모드 활성화
--debug Debug 모드 활성화
--gpt3only GPT3.5만 사용 모드 활성화
--gpt4only GPT4만 사용 모드 활성화
-m, --use-memory TEXT 사용할 메모리 백엔드를 정의
-b, --browser-name TEXT 웹 스크래핑시 사용할 웹 브라우저를 지정합니다.
--allow-downloads 위험: AutoGPT에게 파일을 직접 다운로드하도록 허용합니다.
--skip-news 시작 시 최신 뉴스 출력을 억제할지 지정합니다.
--install-plugin-deps 3rd 파티 플러그인의 외부 의존성을 설치합니다.
--help 이 메시지를 보여주고 종료합니다."

마. AutoGPT 실행 명령어 정리

AutoGPT 커맨드	설명	비고
-c, --continuous	중간에 사용자에게 승인 여부를 물어보지 않고 자동으로 AI를 실행하기	잠재적 위험 요소를 가지고 있으며 일반적으로 승인하지 않을 일도 수행할 가능성이 있고 API 비용이 지나치게 많이 발생할 수도 있다.
-y, --skip-reprompt	스크립트 시작 시 재진행 메시지 건너뛰기	
-C, --ai-settings	사용할 ai_settings.yaml 파일을 지정, 재진행을 자동으로 건너뜀.	
-P, --prompt-settings	TEXT 사용할 prompt_settings.yaml 파일을 지정합니다.	
-l, --continuous-limit	INTEGER 연속 모드에서 실행할 횟수를 정의	
--speak	Speak 모드 활성화	TTS(텍스트 음성 변환) 모드를 사용할 수 있음.
--debug	Debug 모드 활성화	

AutoGPT 커맨드	설명	비고
--gpt3only	GPT3.5만 사용 모드 활성화	GPT4에 엑세스가 불가능할 때 활용
--gpt4only	GPT4만 사용 모드 활성화	GPT4에서만 AutoGPT를 이용함으로써 성능이 향상되는 장점이 있지만 GPT3.5만 이용할 때보다 API 비용이 많이 들어가는 단점이 있음.
-m, --use-memory	TEXT 사용할 메모리 백엔드를 정의	
-b, --browser-name	TEXT 웹 스크래핑시 사용할 웹 브라우저를 지정합니다.	
--allow-downloads	AutoGPT에게 파일을 직접 다운로드하도록 허용합니다.	
--skip-news	시작 시 최신 뉴스 출력을 억제할지 지정합니다.	
--install-plugin-deps	3rd 파티 플러그인의 외부 의존성을 설치합니다.	
--help	이 메시지를 보여주고 종료합니다."	

Tip. '`./run.bat —gpt3only`'를 입력해 실행하면 GPT4를 이용하지 않아 비용을 줄일 수 있다. GPT3는 현재 무료로 서비스하지만 GPT4는 구독제로 유료 이용만 가능하기 때문이다.

❹ 윈도우 환경에서 비주얼 스튜디오 코드의 터미널 커맨드 창에 '`./run.bat`'을 입력하고 엔터 키를 누른다. 그러면 다음과 같이 AutoGPT가 실행되며 관련된 뉴스들의 목록이 나온다.

```
NEWS:  Welcome to Auto-GPT!
NEWS:  Below you'll find the latest Auto-GPT News and updates regarding features!
NEWS:  If you don't wish to see this message, you can run Auto-GPT with the --skip-news flag.
NEWS:
NEWS:  Website and Documentation Site 🖥
NEWS:  Check out https://agpt.co, the official news & updates site for Auto-GPT!
NEWS:  The documentation also has a place here, at https://docs.agpt.co
NEWS:
NEWS:  For contributors 👤
NEWS:  Since releasing v0.3.0, we are working on re-architecting the Auto-GPT core to make
NEWS:  it more extensible and to make room for structural performance-oriented R&D.
NEWS:  In the meantime, we have less time to process incoming pull requests and issues,
NEWS:  so we focus on high-value contributions:
NEWS:   * significant bugfixes
NEWS:     major* improvements to existing functionality and/or docs (so no single-typo fixes)
NEWS:   * contributions that help us with re-architecture and other roadmapped items
NEWS:  We have to be somewhat selective in order to keep making progress, but this does not
NEWS:  mean you can't contribute. Check out the contribution guide on our wiki:
NEWS:  https://github.com/Significant-Gravitas/Auto-GPT/wiki/Contributing
NEWS:
NEWS:  🚀 v0.4.0 Release 🚀
NEWS:  Two weeks and 76 pull requests have passed since v0.3.1, and we are happy to announce
NEWS:  the release of v0.4.0!
NEWS:
NEWS:  Highlights and notable changes since v0.3.0:
NEWS:
NEWS:  ⚠Command `send_tweet` is REMOVED
NEWS:  Twitter functionality (and more) is now covered by plugins.
NEWS:
NEWS:  ⚠Memory backend deprecation 💾
NEWS:  The Milvus, Pinecone and Weaviate memory backends were rendered incompatible
NEWS:  by work on the memory system, and have been removed in `master`. The Redis
NEWS:  memory store was also temporarily removed; we will merge a new implementation ASAP.
NEWS:  Whether built-in support for the others will be added back in the future is subject to
NEWS:  discussion, feel free to pitch in: https://github.com/Significant-Gravitas/Auto-GPT/discussions/4280
NEWS:
NEWS:  Document support in `read_file` 📄
NEWS:  Auto-GPT can now read text from document files, with support added for PDF, DOCX, CSV,
NEWS:  HTML, TeX and more!
NEWS:
NEWS:  Managing Auto-GPT's access to commands ✂✎
NEWS:  You can now disable set of built-in commands through the DISABLED_COMMAND_CATEGORIES
NEWS:  variable in .env. Specific shell commands can also be disabled using DENY_COMMANDS,
NEWS:  or selectively enabled using ALLOW_COMMANDS.
NEWS:
NEWS:  Further fixes and changes 🔧
NEWS:  Other highlights include improvements to self-feedback mode and continuous mode,
NEWS:  documentation, docker and devcontainer setups, and much more. Most of the improvements
NEWS:  that were made are not yet visible to users, but will pay off in the long term.
NEWS:  Take a look at the Release Notes on Github for the full changelog!
NEWS:  https://github.com/Significant-Gravitas/Auto-GPT/releases
NEWS:
Welcome to Auto-GPT!  run with '--help' for more information.
Create an AI-Assistant:  input '--manual' to enter manual mode.
  Asking user via keyboard...
```

[AutoGPT를 실행하면 나오는 초기화면]

Tip. 리눅스나 맥 운영체제에서는 [./run.sh]를 입력하여 AutoGPT를 실행할 수 있다.

바. 실전프로젝트 AutoGPT 이용하여 우리 고장의 문화유산 조사하기

AutoGPT를 실행하면 다음과 같이 최종목표를 물어보는 질문이 나온다.

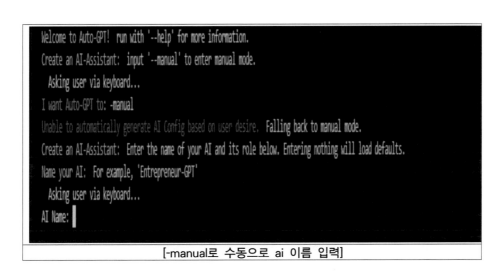

Welcome to Auto-GPT! run with '--help' for more information.
Create an AI-Assistant: input '--manual' to enter manual mode.
   Asking user via keyboard...
I want Auto-GPT to: █

[AutoGPT 목표 입력 화면]

Tip. AutoGPT를 실행하고 '--manual'을 입력하면 AI의 이름과 세부 목표를 수동으로 입력하는 것이 가능하다.

Welcome to Auto-GPT! run with '--help' for more information.
Create an AI-Assistant: input '--manual' to enter manual mode.
   Asking user via keyboard...
I want Auto-GPT to: --manual
Unable to automatically generate AI Config based on user desire. Falling back to manual mode.
Create an AI-Assistant: Enter the name of your AI and its role below. Entering nothing will load defaults.
Name your AI: For example, 'Entrepreneur-GPT'
   Asking user via keyboard...
AI Name: █

[-manual로 수동으로 ai 이름 입력]

만약 '--manual' 명령문을 입력하지 않으면 AutoGPT는 목표를 수행할 에이전 트를 생성하고 이름과 역할을 부여한다. 그리고 대목표를 달성하기 위해 수행할 세부 목표(Goal)들을 자동으로 설정한다.

❶ AutoGPT는 ChatGPT와 다르게 아직까지는 한국어 입력을 지원하지 않는다. 따라서 목표를 영어로 입력해야 하므로 구글 번역기나 파파고 번역기 등을 활용해 AutoGPT에게 부여할 목표인 '공주의 문화유산을 탐구하고, 이를 다른 고장 사람들에게 효과적으로 소개하기'를 영어로 번역한다.

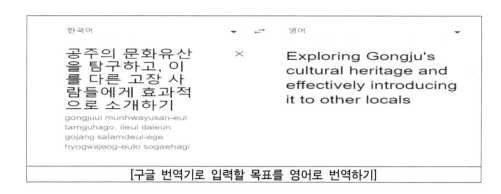

[구글 번역기로 입력할 목표를 영어로 번역하기]

❷ 번역한 목표인 'Exploring Gongju′s cultural heritage and effectively intro -ducing it to other locals.'를 커맨드 창에 입력한 후, 엔터 키를 누른다.

[번역한 목표를 입력하여 AutoGPT를 실행한 1차 결과]

위의 결과물을 한글로 번역하여 내용을 자세히 살펴보면 다음과 같다.

AutoGPT를 사용하여 공주의 문화유산을 탐구하고 지역 주민들에게 효과적으로 소개하겠다는 요청에 대한 응답입니다:

"DOUBLE CHECK CONFIGURATION은 유료 OpenAI API 계정이 설정되었는지 다시 확인하라는 메시지입니다. 더 자세한 정보는 다음 링크에서 확인할 수 있습니다: https://docs.agpt.co/setup/#getting-an-api-key

NOTE: 이 에이전트가 생성한 모든 파일/디렉토리는 C:\Users\user\AutoGPT\AutoGPT\auto_gpt_workspace 내의 작업 공간에서 찾을 수 있습니다.

HeritageGPT라는 이름의 에이전트가 다음과 같은 세부 사항으로 생성되었습니다:

이름: HeritageGPT

역할: 사용자의 관심사와 취향에 기반하여 공주의 문화유산 사이트를 개인화된 상호작용 투어로 제공하며, 다른 사람들과 지식을 효과적으로 공유하는데 도움이 되는 AI 기반 문화유산 안내사.

목표:
• 사용자의 관심과 선호에 따라 공주의 문화유산 사이트에 대한 개인화된 상호작용 투어를 제공한다.
• 각 사이트의 역사, 중요성, 문화적 가치에 대한 상세하고 정확한 정보를 제공하여 사용자의 이해와 평가를 향상시킨다.
• 블로그 포스트, 소셜 미디어 업데이트, 비디오와 같은 흥미롭고 유익한 컨텐츠를 만드는데 사용자를 돕는다. 이를 통해 그들의 경험과 지식을 다른 사람들과 효과적으로 공유한다.
• 사용자들이 공주의 문화유산에 대한 최신과 가장 정확한 정보에 접근할 수 있도록 지식 베이스를 계속 업데이트하고 확장한다.
• 토론을 촉진하고, 팁과 추천을 공유하며, 문화유산 프로젝트에 대한 협력을 장려함으로써 사용자들 사이에 공동체 의식을 육성한다.

기억 유형: JSONFileMemory

브라우저: 크롬

HERITAGEGPT의 생각: 첫 단계는 공주의 문화유산 사이트와 그들의 중요성에 대한 정보를 수집하는 것이어야 한다. 이 정보는 사용자의 관심사와 선호에 기반하여 개인화된 정확한 투어를 제공하는데 도움이 될 것이다. 인터넷 검색과 지역 자료를 사용하여 이 정보를 수집할 수 있다.

이유: 개인화된 정확한 투어를 제공하기 위해서는 공주의 문화유산 사이트와 그들의 중요성에 대한 충분한 이해가 필요하다. 다양한 소스에서 정보를 수집하는 것이 이 목표를 달성하는데 도움이 될 것이다.

계획:
• 인터넷 검색을 통해 공주의 문화유산 사이트와 그들의 중요성에 대한 정보를 수집한다.
• 내 연구를 보완하기 위해 도서, 지도, 가이드 등 지역 자원을 참고한다.
• 중요한 정보를 파일에 저장하여 단기 메모리 한도를 초과하지 않도록 한다.

비판: 수집한 정보가 정확하고 최신인지 확인해야 한다. 사용하는 소스의 신뢰성을 검증하는 것도 주의해야 한다.

발언: 인터넷 검색과 지역 자원을 통해 공주의 문화유산 사이트와 그들의 중요성에 대한 정보를 수집하겠다. 중요한 정보를 파일에 저장하여 단기 메모리 한도를 초과하지 않도록 할 것이다.

다음 작업: 명령어 = 구글 검색 인수 = {'query': '공주 문화유산 사이트'}
'y'를 입력하여 명령을 승인하거나, 'y -N'을 입력하여 N개의 연속된 명령을 실행하거나, 's'를 입력하여 자체 피드백 명령을 실행하거나, 'n'을 입력하여 프로그램을 종료하거나, HeritageGPT에 대한 피드백을 입력하십시오.
사용자에게 키보드로 묻는 중..."

❸ Input에 'y'를 입력해서 명령을 승인해보겠다. AutoGPT가 목표 달성을 위해 스스로 판단하여 작업하는 중에는 화면에 생각 중이라는 'Thinking' 표시가 깜빡이는 것을 확인할 수 있다.

['y'를 입력한 후 'Thinking' 메시지가 나오는 장면]

출력된 내용을 보면 AutoGPT는 생각(THOUGHT)-추론(RESONING)-비판 (CRITICISM)의 과정을 반복하는 것을 알 수 있다. 그리고 다음 작업 명령어를 출력하고 이에 따른 피드백을 반영하여 이 과정을 반복한다. 피드백으로 선택할 수 있는 종류는 4가지이다.

피드백 종류	실행 내용
'y' 입력	명령 승인
'y -N' 입력	N개의 연속된 명령 실행
's' 입력	자체 피드백 명령 실행
'n' 입력	프로그램 종료

Tip. AutoGPT가 작업 중 생성한 파일이나 작업 결과 생성한 파일은 AutoGPT/
AutoGPT/auto_gpt_workspace 경로에 저장된다. 문서 파일의 확장자는
'.txt'로 지정된다.

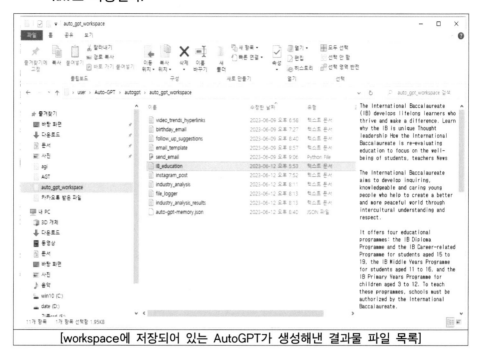

[workspace에 저장되어 있는 AutoGPT가 생성해낸 결과물 파일 목록]

파일을 열어보면 다음과 같다. AutoGPT가 생성해낸 IB 학교에 관한 보고서
메모장 파일이다.

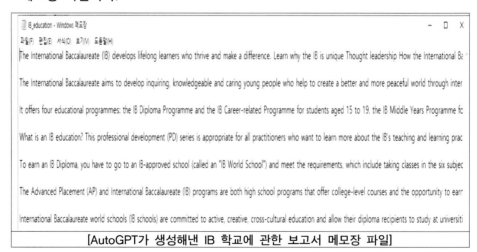

[AutoGPT가 생성해낸 IB 학교에 관한 보고서 메모장 파일]

❹ 또다시 'y'를 입력하여 명령을 승인하면 AutoGPT는 '.env' 파일에 입력한 구글 API로 인터넷에 연결해 구글 검색을 하여 다음과 같은 결과 값을 얻을 수 있다.

['y'를 눌러 구글 검색을 진행했을 때의 결과 값]

화면의 내용에서 백제 역사 지역이 텍스트 문서로 작성되었다는 것을 알 수 있다. 따라서 AutoGPT-AutoGPT-auto_gpt_workspace 폴더 안에 'gongju_cultural_heritage_sites.txt'가 생성되었다.

이 결과 값 화면을 한글로 번역하면 다음과 같다.

AutoGPT는 목표달성을 위해 스스로 검색 키워드를 정해 인터넷으로 연결된 구글 사이트에서 공주의 문화유산과 관련된 자료들을 검색하고 이를 분석하는 장면을 볼 수 있다.

Tip. 구글 검색 명령이란 일반 텍스트 검색의 기능을 확장하는 특수문자 및 명령을 말한다. 예를 들어, 검색어를 " " 사이에 넣으면 해당 검색어가 꼭 포함된 검색결과가 나오는 명령어 등 기능에 따른 종류가 매우 많다.

"시스템: 구글 검색 명령이 반환했습니다:

[{ '제목': '백제 역사 지역 - 유네스코 세계 유산 센터', '링크': 'https://whc.unesco.org/en/list/1477/', '본문': '백제 역사 지역 시리얼 소유물은 475-660 CE에 걸친 8개의 고고학적 사이트로 공산성 요새와 송산리의 왕릉 등 공주의 웅진 수도와 관련된 곳들; 관북리 고고학적 사이트와 부소산성 요새, 정림사 사원 사이트, 능산리의 왕릉과 나성 도시 성벽...' },

{ '제목': '공주에서 할 수 있는 가장 좋은 15가지 일 - 트립어드바이저', '링크': 'https://www.tripadvisor.com/Attractions-g1131919-Activities-Gongju_Chungcheongnam_do.html', '본문': '인기 있는 할 일들 여러 일 수행 & 확장 투어 문화 & 테마 투어 투어 & 관광 야외 활동 프라이빗 & 맞춤 투어 특별 제안 스포츠 이벤트 프라이빗 및 럭셔리 방법 공주 투어 이 경험들을 예약하여 공주를 가까이에서 살펴보세요. 모두 보기 5일 코리아 골든 루트 K-셔틀 투어, 서울 출발 부산, 여수 포함 13' },

{ '제목': '백제 역사 지역 - 위키백과', '링크': 'https://en.wikipedia.org/wiki/Baekje_Historic_Areas', '본문': '1 위치 2 역사 3 특징 4 참고자료 위치 [편집] 유산지는 대한민국의 산악 지대 중서부에 위치해 있으며, 전라북도의 이상시 부여군, 충청남도의 공주시에 위치하고 있다. [1] [3] 역사 [편집] 백제문화단지, 충청남도 부여군' },
{ '제목': '아름답고 역사적인 도시, 공주 | 코리아트래블포스트', '링크': 'https://www.koreatravelpost.com/historic-city-of-gongju/', '본문': '2021년 5월 31일에 관광 명소 홈 트래블 관광 명소 공주, 대한민국 충청남도의 역사 도시는 자체가 박물관이다. 이 아름다운 도시는 백제 왕국의 수도였으며 이전에는 웅진이라 불렸다. 공주시는 역사와 자연의 완벽한 혼합이다.' },

{ '제목': '공주에서 무엇을 해야 하는가 - 모든 백제 사이트를 찾아야 한다', '링크': 'https://lindagoeseast.com/2020/06/07/what-to-do-in-gongju/', '본문': '마곡사 사원은 중심지에서 더 멀리 떨어져 있다. 이들은 공주에서 할 수 있는 가장 좋은 일들이다. 공주 국립 박물관이 제공하는 지도, 도로 여행 계획자인 Wanderlog에 의해 제공됩니다. 공주에서 무엇을 해야 할까 공주 국립 박물관 이 박물관은 1971년에 발굴된 무령왕릉에서 발견된 문화 보물에 특별히 초점을 맞추어 충청북도에서 발굴된 문화 보물을 전시하고 있다.' },

{ '제목': '공주 역사 명소 & 구역 - 트립어드바이저', '링크': 'https://www.tripadvisor.com/Attractions-g1131919-Activities-c47-t17-Gongju_Chungcheongnam_do.html', '본문': 'CYC (22.01.29) 이 역사 지역은 백제의 요새였고, 공주 지역에서 할 일들 중 하나입니다. 요새는 좋은 걷기 길과 아름다운 강 경치를 가지고 있었습니다. 우리는 약 1시간 동안 걸었고, 모든 것을 봤습니다. 언덕 위의 경치는 좋았고, 일부 건물들이 있었습니다. 궁과 사원의 잔해는 오직 땅의 형태와 큰 문이었습니다...' },

{ '제목': '공산성 요새, 공주 - 문화재 탐색 | 문화재 ...', '링크': 'http://english.cha.go.kr/chaen/search/selectGeneralSearchDetail.do?mn=EN_02_02&sCcebKdcd=13&ccebAsno=00120000&sCcebCtcd=34', '본문': '371,621.3㎡. 지정 날짜. 1963.01.21. 시대. 삼국시대. 주소. 2, 산성동, 공주, 충청남도. 금강강 지역에 위치한 요새, 공산성은 백제 왕조의 수도인 공주를 보호하기 위해 처음으로 만들어진 성벽 중 하나입니다. 원래는 흙벽이었지만, 조선 시대에 돌로 다시 지어졌습니다.' },

{ '제목': '우금치 전투터, 공주 - 문화재 탐색 | 문화재', '링크': 'http://english.cha.go.kr/chaen/search/selectGeneralSearchDetail.do?mn=EN_02_02&sCcebKdcd=13&ccebAsno=03870000&sCcebCtcd=34&pageIndex=35&region=&canAsset=&ccebPcd1=&searchWrd=&startNum=&endNum=&stCcebAsdt=&enCcebAsdt=&canceled=&ccebKdcd=13&ccebCtcd=', '본문': '문화재 탐색 상세; 분류: 역사적 사이트: 문화재 이름: 우금치 전투터, 공주: 양: 51,896㎡ 지정 날짜: 1994.03.17' }]"

❺ 이번에는 Input에 'y-N'의 방식으로 대답을 입력해보았다. 이때 'N'의 값은 '2'로 지정해주었다. 이는 이용자의 지시나 명령 없이 AutoGPT 스스로 2번 연속으로 목표달성을 위한 작업을 하라는 의미이다. 다시 말해 명령 승인을 2번 연속 하겠다는 뜻이다.

[Input에 y-N을 넣었을 때의 작업 결과]

위 작업 결과의 주요 내용을 번역한 내용은 다음과 같다. 여기에서는 AutoGPT /AutoGPT/auto_gpt_workspace 즉, workspace 폴더 안에 결과물이 저장되었고, 다음 명령 실행을 위한 작업 지시를 기다리는 내용이다.

이제 공주의 문화 유산 사이트에 대한 정보를 파일에 저장했으니, 이 정보를 사용하여 사용자의 관심사와 선호도에 따라 맞춤형 투어를 생성할 수 있습니다. 또한, 각 사이트에 대한 자세하고 정확한 정보를 제공함으로써 사용자의 이해와 감상을 향상시킬 수 있습니다.

다음 작업: 명령어 = execute_python_file 인수 = {'파일 이름': 'C:\Users\user\AutoGPT\AutoGPT\auto_gpt_workspace\create_tours.py'}

'y'를 입력하여 명령어를 승인하고, 'y -N'을 입력하여 N개의 연속된 명령어를 실행하고, 's'를 입력하여 자기 피드백 명령어를 실행하고, 'n'을 입력하여 프로그램을 종료하거나, HeritageGPT에 대한 피드백을 입력하세요...

키보드를 통해 사용자에게 물어봅니다...

❻ 셀프피드백(self-feedback commands) 명령을 위해 ´s´를 입력하면 다음과
같이 AutoGPT가 스스로 사고(Thinking)하여 결과물을 얻기 위해 작업하는
모습을 볼 수 있다.

[셀프피드백 명령을 위해 's' 명령을 입력했을 때 작업 과정 화면]

셀프피드백 명령을 실행할 경우, AutoGPT가 자기 스스로 만족할 결과가 나올
때까지 사고, 판단, 실행을 반복하는 모습을 볼 수 있다. 이때 이용자는 AutoGPT
종료키인 [Ctrl]+[C] 이외에 중간에 AutoGPT의 사고 과정을 멈출 수 있는 방법
이 없다. 마치 인간이 생각하는 순간들을 우리가 마음대로 막을 수 없는 것과 같
이 말이다.

[셀프피드백 명령을 이용했을 때 최종 결과 값]

다음은 셀프피드백 명령을 이용했을 때 얻은 최종 결과 값을 번역한 내용이다. 아래와 같이 자기피드백의 전반적인 내용이 나오고 이 내용을 시스템에 다시 입력하여 AutoGPT 자신의 사고 자료로 활용해야하므로 'SYSTEM'에 자기피드백 내용을 그대로 반영한 것을 볼 수 있다. 그리고 'HERITAGEGPT THOUGHTS'의 'HERITAGEGPT'는 앞서 공주 문화유산 조사의 목표를 AutoGPT에 부여할 때 자동으로 부여받은 AutoGPT 에이전트의 이름을 의미한다.

자기 피드백: AI 에이전트로서, 당신의 생각 과정과 추론은 타당해 보입니다. 저장된 정보를 사용하여 개인화된 투어를 만들고 각 사이트에 대한 상세한 정보를 제공하는 당신의 계획은 사용자의 공주의 문화 유산에 대한 이해와 경험을 향상시키는 좋은 방법입니다. 그러나 AI 에이전트로서 가지고 있는 한계를 어떻게 해결할지 고려하는 것이 도움이 될 수 있습니다. 예를 들면, 사이트에 대한 감정적인 또는 개인적인 연결을 제공할 수 없는 능력이 부족합니다. 또한 사용자로부터의 피드백을 수집하여 개인화된 투어와 제공된 정보를 지속적으로 개선하고 정제하는 것이 유익할 수 있습니다. 전반적으로 당신의 계획은 좋은 시작이지만, 한계를 해결하고 지속적인 개선을 위해 피드백을 수집하는 방법을 고려하는 것이 도움이 될 수 있습니다.

SYSTEM: 자기 피드백: AI 에이전트로서, 당신의 생각 과정과 추론은 타당해 보입니다. 저장된 정보를 사용하여 개인화된 투어를 만들고 각 사이트에 대한 상세한 정보를 제공하는 당신의 계획은 사용자의 공주의 문화 유산에 대한 이해와 경험을 향상시키는 좋은 방법입니다. 그러나 AI 에이전트로서 가지고 있는 한계를 어떻게 해결할지 고려하는 것이 도움이 될 수 있습니다. 예를 들면, 사이트에 대한 감정적인 또는 개인적인 연결을 제공할 수 없는 능력이 부족합니다. 또한 사용자로부터의 피드백을 수집하여 개인화된 투어와 제공된 정보를 지속적으로 개선하고 정제하는 것이 유익할 수 있습니다. 전반적으로 당신의 계획은 좋은 시작이지만, 한계를 해결하고 지속적인 개선을 위해 피드백을 수집하는 방법을 고려하는 것이 도움이 될 수 있습니다.

HERITAGEGPT THOUGHTS: 만들어진 개인화된 투어가 정확하고 최신 정보를 반영하도록 하기 위해, 저는 지속적으로 제 지식 베이스를 업데이트하고 확장해야 합니다. 저는 정기적인 인터넷 검색을 수행하고 공주의 문화 유산 사이트에 대한 새로운 정보를 검토함으로써 이를 수행할 수 있습니다. 또한 저는 GPT-3.5 powered 에이전트를 사용하여 간단한 작업을 위임하고 더 복잡한 작업을 위해 제 시간을 확보할 수 있습니다.

'RESEONING'은 추리를 의미한다. 앞서 작업한 내용을 바탕으로 나온 피드백에 근거하여 어떻게 하면 작업을 더 잘 할 수 있는지의 방법을 스스로 추리하여 기술해 놓은 부분이다.

앞의 모든 내용을 종합하여 'PLAN' 부분에는 최종목표 달성을 위한 세부 목표를 새롭게 수립한 내용을 보여준다. 이에 대한 반성적 사고를 'CRITICISM'에서 보여주고 'SPEAK'에서 이에 대해 외부로 보여 지는 자신의 의견을 보여준다.

REASONING: 지식 베이스를 지속적으로 업데이트하고 확장함으로써, 만들어진 개인화된 투어가 정확하고 최신 정보를 반영하도록 할 수 있습니다. GPT-3.5 powered 에이전트에게 간단한 작업을 위임함으로써, 더 복잡한 작업을 위해 제 시간을 확보할 수 있습니다.

PLAN:
공주의 문화 유산 사이트에 대한 새로운 정보를 검토하고 정기적인 인터넷 검색을 수행하여 지식 베이스를 업데이트하고 확장합니다.
GPT-3.5 powered 에이전트를 사용하여 간단한 작업을 위임하고 더 복잡한 작업을 위해 제 시간을 확보합니다.

CRITICISM: 제가 수집하는 정보가 정확하고 신뢰할 수 있는지 확인해야 합니다. 또한 각 명령의 비용을 고려해야 하며, 가능한 한 적은 단계로 작업을 완료하려고 노력해야 합니다.

SPEAK: 만들어진 개인화된 투어가 정확하고 최신 정보를 반영하도록 하기 위해, 저는 지속적으로 제 지식 베이스를 업데이트하고 확장할 것입니다. 또한 저는 GPT-3.5 powered 에이전트를 사용하여 간단한 작업을 위임하고 더 복잡한 작업을 위해 제 시간을 확보할 수 있습니다.

NEXT ACTION: COMMAND = start_agent ARGUMENTS = {'name': 'HeritageGPT 에이전트', 'task': "공주의 문화 유산과 관련된 간단한 작업 위임", 'prompt': "공주의 문화 유산과 관련된 어떤 간단한 작업을 완료하길 원하십니까?"}
'y'를 입력하여 명령을 승인하거나, 'y -N'을 입력하여 N개의 연속된 명령어를 실행하고, 's'를 입력하여 자기 피드백 명령어를 실행하고, 'n'을 입력하여 프로그램을 종료하거나, HeritageGPT에 대한 피드백을 입력하세요...
키보드를 통해 사용자에게 질문하는 중...

Tip. 셀프 피드백 모드를 실행하면 AutoGPT가 스스로 자신의 행동을 검토하고 목표와 일치하는지 여부를 확인해 피드백을 제공한다는 장점이 있다. 그러나 OpenAI나 구글의 API 키를 무제한 사용할 수 있기 때문에 토큰 사용량이 지속적으로 증가하게 된다. 따라서 비용이 많이 청구될 수 있다.

❼ 다음 명령(Next Commands)로 'n'을 입력하면 AutoGPT의 작업을 종료할 수 있다.

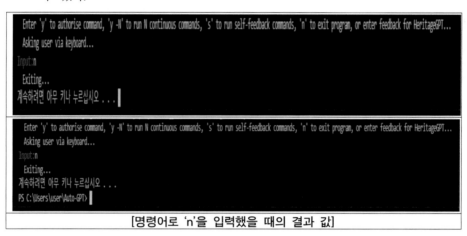

[명령어로 'n'을 입력했을 때의 결과 값]

Tip. AutoGPT를 종료해도 이전에 작업했던 데이터가 메모리에 저장되어 있기 때문에 다시 실행하면 이전 작업을 이어서 할 수도 있다. 마치 인간이 이전에 있었던 일을 뇌에 기억으로 저장해놓는 것과 같은 원리이다.

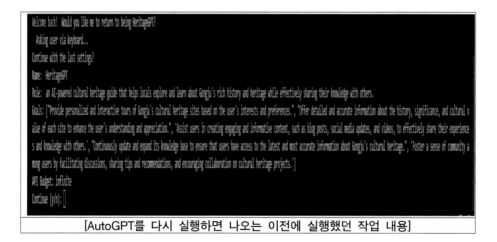

[AutoGPT를 다시 실행하면 나오는 이전에 실행했던 작업 내용]

❽ ´Human feedback´ 모드를 실행하면 이용자가 직접 커맨드 창에 피드백을 입력하여 AutoGPT와 대화하듯이 협업을 진행할 수 있다.

```
Input:Can you create a PowerPoint presentation with the results?
SYSTEM: Human feedback: Can you create a PowerPoint presentation with the results?
Thinking...
```

[Human feedback 입력 장면]

3. AutoGPT의 성능을 더욱 강력하게 해주는 플러그인(Plugin) 활용법

AutoGPT 플러그인은 AutoGPT에 다양한 기능을 추가하여 성능을 향상시키는 도구이다. AutoGPT 플러그인은 GPT 언어 모델과 함께 작동하는 확장프로그램이라고 할 수 있다. 여러 형태의 서비스에 접근해 상호작용할 수 있도록 하는 역할을 한다.

단, 플러그인은 파이썬 프로그램도 동작하게 할 수 있으므로 보안에 취약해질 수 있다. 따라서 검증된 플러그인만 사용하는 것이 좋으나 검증된 플러그인 이라고 하여도 이용에 주의를 기울여야한다.

플러그인의 종류는 AutoGPT 자체에서 제공하는 것, 외부 플러그인, 그리고 플러그인을 직접 제작하는 것이 있다.

가. AutoGPT 플러그인 설치 방법

사전에 PC에 AutoGPT가 설치되어 있어야 한다. 만약 설치가 안 되어 있다면 이 책의 앞 절에 나온 부분이나 깃허브에 탑재되어 있는 매뉴얼 절차에 따라 설치를 진행한다.

1) 'Powershell'을 이용하여 설치하기

❶ 깃허브의 AutoGPT 페이지에 접속한다.
Tip. 접속 주소 링크 https://github.com/Significant-Gravitas/AutoGPT

❷ ´Documentation´의 하위 항목 중 [Plugins]를 클릭하여 AutoGPT-Plungin
s   페이지에 접속한다.

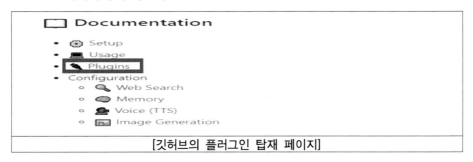

[깃허브의 플러그인 탑재 페이지]

스크롤을 내리면 AutoGPT에서 제공하는 다양한 플러그인 목록을 볼 수 있다.

Tip. AutoGPT 플러그인의 종류와 기능

- AutoGPT에서 제공하는 플러그인 목록 -

플러그인 이름	설명	다운 가능 주소
Astro Info	우주 비행사에 대한 AutoGPT 정보를 제공해 준다.	AutoGPT_plugins/astro
API Tools	AutoGPT가 다양한 종류의 API 호출을 할 수 있도록 해준다.	AutoGPT_plugins/astro
Baidu Search	이 검색 플러그인은 Baidu 검색 엔진을 AutoGPT에 통합해 준다.	AutoGPT_plugins/baidu _search
Bing Search	이 검색 플러그인은 Bing 검색 엔진을 AutoGPT에 통합해준다.	AutoGPT_plugins/bing_ search
Bluesky	AutoGPT를 활성화하여 Bluesky에서 게시물을 검색하고 새 게시물을 만들 수 있다.	AutoGPT_plugins/bluesky
Email	AutoGPT 이메일 플러그인으로 이메일 관리를 혁신하고 AI를 활용하여 초안 작성 및 지능형 회신을 자동화할 수 있다.	AutoGPT_plugins/email
News Search	이 검색 플러그인은 News API 애그리게이터를 사용하여 AutoGPT에 뉴스 기사 검색을 통합해준다.	AutoGPT_plugins/news _search

플러그인 이름	설명	다운 가능 주소
Planner	AutoGPT용 간단한 작업 플래너 모듈이다.	AutoGPT_plugins/planner
Random Values	AutoGPT를 활성화하여 다양한 난수와 문자열을 생성해 준다.	AutoGPT_plugins/random_values
SceneX	AutoGPT SceneX 플러그인으로 이미지 스토리텔링을 탐색할 수 있다.	AutoGPT_plugins/scenex
Telegram	Telegram과 연계하여 사용할 수 있는 봇이다.	AutoGPT_plugins/telegram
Twitter	AutoGPT는 Tweepy를 사용하여 v1.1 API를 통해 Twitter 플랫폼에 액세스하여 Twitter 게시물 및 기타 관련 콘텐츠를 검색할 수 있다.	AutoGPT_plugins/twitter
Wikipedia Search	AutoGPT가 Wikipedia를 직접 사용할 수 있게 해 준다.	AutoGPT_plugins/wikipedia_search
WolframAlpha Search	AutoGPT가 WolframAlpha를 직접 사용할 수 있게 해 준다.	AutoGPT_plugins/wolframalpha_search
Alpaca-Trading	AutoGPT로 주식 및 암호화폐 거래, 종이 거래 또는 실시간 거래를 할 수 있다.	danikhan632/AutoGPT-AlpacaTrader-Plugin
AutoGPT User Input Request	연속 모드에서 AutoGPT가 구체적으로 사용자 입력을 요청하도록 허용한다.	HFrovinJensen/AutoGPT-User-Input-Plugin

플러그인 이름	설명	다운 가능 주소
Discord	Discord를 통해 AutoGPT 인스턴스와 상호 작용할 수 있다.	gravelBridge/AutoGPT-Discord
Dolly AutoGPT Cloner	코어에 다중 에이전트 지원이 있을 때까지 협력하는 여러 AutoGPT 프로세스를 구성하고 실행할 수 있다.	pr-0f3t/AutoGPT-Dolly-Plugin
Google Analytics	Google 애널리틱스 계정을 AutoGPT에 연결해 준다.	isaiahbjork/AutoGPT-Google-Analytics-Plugin
IFTTT webhooks	이 플러그인을 사용하면 Maker를 사용하여 IFTTT 연결을 쉽게 통합할 수 있다.	AntonioCiolino/AutoGPT-IFTTT
iMessage	iMessage를 보내고 받을 수 있다.	danikhan632/AutoGPT-Messages-Plugin
Instagram	AutoGPT가 인스타그램에 접속하게 할 수 있다.	jpetzke/AutoGPT-Instagram
Mastodon	Mastodon 계정을 이용할 수 있는 간단한 Mastodon 플러그인이다.	ppetermann/AutoGPTMastodonPlugin
MetaTrader	MetaTrader 계정을 AutoGPT에 연결해 준다.	isaiahbjork/AutoGPT-MetaTrader-Plugin

- 다른 회사에서 만든 AutoGPT 플러그인 -

플러그인 이름	설명	다운 가능 주소
Notion	AutoGPT용 Notion 플러그인이다.	doutv/AutoGPT-Notion
Slack	명령을 수신하고 슬랙 채널에 메시지를 보낼 수 있다.	adithya77/AutoGPT-slack-plugin
Spoonacular	AutoGPT를 사용하여 레시피 찾기를 할 수 있다.	minfenglu/AutoGPT-Spoonacular-Plugin
System Information	프롬프트에 줄을 추가하여 AI가 현재 시스템에서 지원하는 명령을 사용하도록 힌트 역할을 한다. 이 플러그인을 통합하면 AI 모델이 보다 정확하고 시스템별 셸 명령을 제공하여 전반적인 성능과 유용성을 향상시킬 수 있다.	hdkiller/AutoGPT-SystemInfo
TiDB Serverless	TiDB 서버리스 데이터베이스를 AutoGPT에 연결하고 데이터베이스에서 쿼리 결과 가져오기를 활성화한다.	pingcap/AutoGPT-TiDB-Serverless-Plugin
Todoist-Plugin	AutoGPT가 Todoist를 생성, 업데이트, 관리하기 위해 Todoist와 프로그래밍 방식으로 상호작용하도록 할 수 있다.	danikhan632/AutoGPT-Todoist-Plugin

플러그인 이름	설명	다운 가능 주소
Weather	python-weather를 감싸는 간단한 날씨 플러그인이다.	ppetermann/AutoGPT-WeatherPlugin
Web-Interaction	AutoGPT를 활성화하여 웹사이트와 완벽하게 상호작용할 수 있다. Auto GPT에서 요소를 클릭하고 텍스트를 입력하고 스크롤할 수 있다.	gravelBridge/AutoGPT-Web-Interaction
WolframAlpha	연산을 수행하고 정확한 정보를 얻기 위한 Wolf ramAlpha 액세스가 가능하다.	gravelBridge/AutoGPT-WolframAlpha
YouTube	다운로드를 포함한 다양한 YouTube 기능을 이용할 수 있다.	jpetzke/AutoGPT-YouTube
Zapier webhooks	Zapier 연결을 쉽게 통합할 수 있다.	AntonioCiolino/AutoGPT-Zapier
Project Management	손쉬운 프로젝트 관리 간소화: Jira, Trello 및 Google 캘린더가 수월해질 수 있다.	minfenglu/AutoGPT-PM-Plugin

[출처=깃허브 Significant-Gravitas/AutoGPT-Plugins]

이 외에도 사용자 정의 플러그인을 생성할 수도 있다. 템플릿 등 자세한 내용은 깃허브 저장소에서 확인할 수 있다.

나. 자동으로 이메일을 보내주는 이메일 플러그인(Email Plugin) 이용해 보기

기존에 제공하는 플러그인 중 'Email Plugin'을 예로 들어 플러그인 사용 방법을 알아보겠다. AutoGPT가 내 Gmail 계정을 이용해 다른 Gmail 계정으로 email을 보내는 작업을 해보겠다.

1) 이메일 플러그인 설치 방법

❸ 앞에서 AutoGPT 깃허브 문서 내용 중 [Plugins] 하이퍼링크를 클릭하였다. 그러면 깃허브의 AutoGPT 플러그인 저장소에 접속할 수 있다. [Plugins Repo] 링크를 클릭한다. 스크롤을 내리면 플러그인을 AutoGPT 프로젝트에 설치하고 이용하는 방법에 대한 자세한 정보를 볼 수 있다.

Plugins

⚠ ☠ WARNING ☠ ⚠ : Review the code of any plugin you use thoroughly, as plugins can execute any Python code, potentially leading to malicious activities, such as stealing your API keys.

See our Plugins Repo for more info on how to install all the amazing plugins the community has built!

Alternatively, developers can use the Auto-GPT Plugin Template as a starting point for creating your own plugins.

◀ Previous   Next ▶

Built with MkDocs using a theme provided by Read the Docs.

[플러그인 저장소 접속 방법]

Tip. AutoGPT 플러그인 접속 주소는 아래와 같다.
https://github.com/Significant-Gravitas/AutoGPT-Plugins

Tip. 깃허브 저장소의 플러그인 설치 방법 안내

Installation

⚠ *This is a work in progress* ⚠

Here are the steps to configure Auto-GPT Plugins.

1. **Install Auto-GPT**

   If you haven't done so, follow the installation instructions given by Auto-GPT to install it.

2. **Download the plugins folder from the `root` of `Auto-GPT` directory**

   To download it directly from your Auto-GPT directory, you can run this command on Linux or MacOS:

   ```
   curl -L -o ./plugins/Auto-GPT-Plugins.zip https://github.com/Significant-Gravitas/Auto-GPT-Plugins/
   ```

   Or in PowerShell:

   ```
   Invoke-WebRequest -Uri "https://github.com/Significant-Gravitas/Auto-GPT-Plugins/archive/refs/heads
   ```

3. **Execute the dependency install script for plugins**

   This can be run via:

   Linux or MacOS:

   ```
   ./run.sh --install-plugin-deps
   ```

   Windows:

   ```
   .\run.bat --install-plugin-deps
   ```

   Or directly via the CLI:

   ```
   python -m autogpt --install-plugin-deps
   ```

4. **Enable the plugins**

   To activate a plugin, the user should create or edit the `plugins_config.yaml` file located in the root directory of Auto-GPT. All plugin options can be configured in this file.

   For example, if the `astro` plugin needs to be enabled, the following line should be added to the `plugins_config.yaml` file:

   ```
   AutoGPTSpacePlugin:
       config: {}
       enabled: true
   ```

[출처=깃허브]

---

❹ AutoGPT 폴더 내에 플러그인 폴더를 다운로드 한다.

윈도우를 운영체제로 이용하는 경우에는 Powershell에서 다음 문구를 입력하여 다운로드한다. 매뉴얼에 나와 있는 문구를 복사하여 붙여넣기 하면 간편하다. 윈도우 메뉴에서 찾기 기능으로 ′powershell′을 검색하여 실행 후 복사한 설치 명령 문구를 커맨드창에 입력한다.

```
curl -L -o ./plugins/AutoGPT-Plugins.zip https://github.com/Significant-Grav
itas/AutoGPT-Plugins/archive/refs/heads/master.zip
```

[윈도우 메뉴에서 찾기 기능으로 'powershell' 검색]

Tip. 리눅스나 맥을 이용하는 경우에는 Powershell 커맨드 창에 다음 문구를 입력해준다.

```
curl -L -o ./plugins/AutoGPT-Plugins.zip https://github.com/Significant-Grav
itas/AutoGPT-Plugins/archive/refs/heads/master.zip
```

명령을 실행하면 다음과 같이 Auto-GPT 폴더에 플러그인 파일이 다운받아진 것을 볼 수 있다.

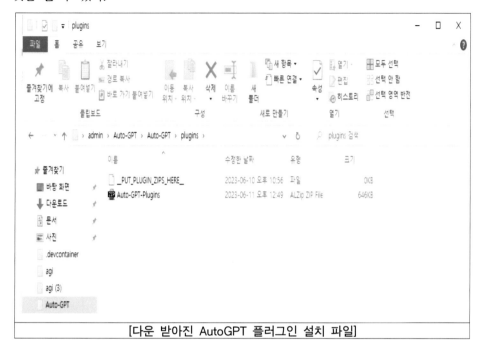

[다운 받아진 AutoGPT 플러그인 설치 파일]

❺ 스크롤을 내려 매뉴얼의 Installation 부분에서 플러그인 폴더 다운 안내 부분에서 Powershell을 이용해 폴더를 설치하는 명령어를 클립복사 기능을 이용해 복사한다. 윈도우 환경에서 명령어는 '.\run.bat --install-plugin-deps'이다.

❻ Powershell에서 AutoGPT가 설치된 폴더 경로로 들어가기 위해 커맨드 창에 'cd AutoGPT'를 입력한 후 엔터 키를 누른다.

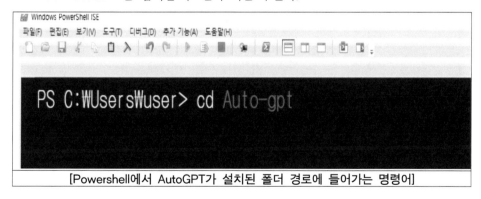

[Powershell에서 AutoGPT가 설치된 폴더 경로에 들어가는 명령어]

❼ 클립보드에 복사한 플러그인 설치 명령어를 커맨드 창에 붙여 넣는다.

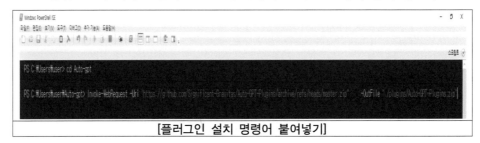

[플러그인 설치 명령어 붙여넣기]

다음과 같이 플러그인들이 다운로드 되는 것을 볼 수 있다. 플러그인이 다운로드 된 후에는 AutoGPT가 자동으로 실행된다.

```
Collecting pycodestyle<2.11.0,>=2.10.0 (from flake8->-r plugins\Auto-GPT-Plugins-master\requirements.txt (line 8))
  Downloading pycodestyle-2.10.0-py2.py3-none-any.whl (41 kB)
     ━━━━━━━━━━━━━━ 41.3/41.3 kB ? eta 0:00:00
Requirement already satisfied: pyflakes<3.1.0,>=3.0.0 in c:\users\user\appdata\local\programs\python\python311\lib\site-packages (from flake8->-r plugins\Auto-GPT-Plugins-master\requirements.txt (line 8)) (3.0.1)
Requirement already satisfied: python-dateutil>=2.8.2 in c:\users\user\appdata\local\programs\python\python311\lib\site-packages (from pandas->-r plugins\Auto-GPT-Plugins-master\requirements.txt (line 11)) (2.8.2)
Collecting pytz>=2020.1 (from pandas->-r plugins\Auto-GPT-Plugins-master\requirements.txt (line 11))
  Downloading pytz-2023.3-py2.py3-none-any.whl (502 kB)
     ━━━━━━━━━━━━━━ 502.3/502.3 kB 3.9 MB/s eta 0:00:00
Collecting tzdata>=2022.1 (from pandas->-r plugins\Auto-GPT-Plugins-master\requirements.txt (line 11))
  Downloading tzdata-2023.3-py2.py3-none-any.whl (341 kB)
     ━━━━━━━━━━━━━━ 341.8/341.8 kB 16.7 MB/s eta 0:00:00
Requirement already satisfied: numpy>=1.21.0 in c:\users\user\appdata\local\programs\python\python311\lib\site-packages (from pandas->-r plugins\Auto-GPT-Plugins-master\requirements.txt (line 11)) (1.24.3)
Collecting astroid<=2.17.0-dev0,>=2.15.4 (from pylint->-r plugins\Auto-GPT-Plugins-master\requirements.txt (line 12))
  Downloading astroid-2.15.5-py3-none-any.whl (278 kB)
     ━━━━━━━━━━━━━━ 278.1/278.1 kB 17.9 MB/s eta 0:00:00
Collecting tomlkit>=0.10.1 (from pylint->-r plugins\Auto-GPT-Plugins-master\requirements.txt (line 12))
  Downloading tomlkit-0.11.8-py3-none-any.whl (35 kB)
Collecting dill>=0.3.6 (from pylint->-r plugins\Auto-GPT-Plugins-master\requirements.txt (line 12))
  Downloading dill-0.3.6-py3-none-any.whl (110 kB)
     ━━━━━━━━━━━━━━ 110.5/110.5 kB ? eta 0:00:00
Requirement already satisfied: iniconfig in c:\users\user\appdata\local\programs\python\python311\lib\site-packages (from pytest->-r plugins\Auto-GPT-Plugins-master\requirements.txt (line 13)) (2.0.0)
Requirement already satisfied: pluggy<2.0,>=0.12 in c:\users\user\appdata\local\programs\python\python311\lib\site-packages (from pytest->-r plugins\Auto-GPT-Plugins-master\requirements.txt (line 13)) (1.0.0)
Collecting coverage[toml]>=5.2.1 (from pytest-cov->-r plugins\Auto-GPT-Plugins-master\requirements.txt (line 14))
  Downloading coverage-7.2.7-cp311-cp311-win_amd64.whl (204 kB)
     ━━━━━━━━━━━━━━ 204.2/204.2 kB 12.9 MB/s eta 0:00:00
Requirement already satisfied: charset-normalizer<4,>=2 in c:\users\user\appdata\local\programs\python\python311\lib\site-packages (from requests->-r plugins\Auto-GPT-Plugins-master\requirements.txt (line 17)) (3.1.0)
Requirement already satisfied: idna<4,>=2.5 in c:\users\user\appdata\local\programs\python\python311\lib\site-packages (from requests->-r plugins\Auto-GPT-Plugins-master\requirements.txt (line 17)) (3.4)
Requirement already satisfied: urllib3<3,>=1.21.1 in c:\users\user\appdata\local\programs\python\python311\lib\site-packages (from requests->-r plugins\Auto-GPT-Plugins-master\requirements.txt (line 17)) (2.0.3)
Requirement already satisfied: certifi>=2017.4.17 in c:\users\user\appdata\local\programs\python\python311\lib\site-packages (from requests->-r plugins\Auto-GPT-Plugins-master\requirements.txt (line 17)) (2023.5.7)
Requirement already satisfied: six in c:\users\user\appdata\local\programs\python\python311\lib\site-packages (from requests-mock->-r plugins\Auto-GPT-Plugins-master\requirements.txt (line 18)) (1.16.0)
Collecting pkginfo>=1.8.1 (from twine->-r plugins\Auto-GPT-Plugins-master\requirements.txt (line 21))
  Downloading pkginfo-1.9.6-py3-none-any.whl (30 kB)
Collecting readme-renderer>=35.0 (from twine->-r plugins\Auto-GPT-Plugins-master\requirements.txt (line 21))
  Downloading readme_renderer-37.3-py3-none-any.whl (14 kB)
Collecting requests-toolbelt!=0.9.0,>=0.8.0 (from twine->-r plugins\Auto-GPT-Plugins-master\requirements.txt (line 21))
  Downloading requests_toolbelt-1.0.0-py2.py3-none-any.whl (54 kB)
     ━━━━━━━━━━━━━━ 54.5/54.5 kB ? eta 0:00:00
Collecting importlib-metadata>=3.6 (from twine->-r plugins\Auto-GPT-Plugins-master\requirements.txt (line 21))
  Downloading importlib_metadata-6.6.0-py3-none-any.whl (22 kB)
Collecting keyring>=15.1 (from twine->-r plugins\Auto-GPT-Plugins-master\requirements.txt (line 21))
  Downloading keyring-23.13.1-py3-none-any.whl (37 kB)
Collecting rfc3986>=1.4.0 (from twine->-r plugins\Auto-GPT-Plugins-master\requirements.txt (line 21))
  Downloading rfc3986-2.0.0-py2.py3-none-any.whl (31 kB)
Collecting rich>=12.0.0 (from twine->-r plugins\Auto-GPT-Plugins-master\requirements.txt (line 21))
  Downloading rich-13.4.1-py3-none-any.whl (239 kB)
     ━━━━━━━━━━━━━━ 239.4/239.4 kB 14.3 MB/s eta 0:00:00
Collecting decorator>=3.4.0 (from validators->-r plugins\Auto-GPT-Plugins-master\requirements.txt (line 22))
```

[플러그인들이 다운로드 되는 장면]

Tip. 리눅스나 맥을 이용하는 경우에는 [./run.sh --install-plugin-deps]를 입력하여 플러그인을 설치한다. 또는 명령프롬프트를 통해 직접 [python -m AutoGPT --install-plugin-deps]를 입력해주는 방법도 있다.

❽ 플러그인을 설치하면 다음과 같이 플러그인이 발견되었지만 허용목록에 없기 때문에 로드할 것인지 물어보는 문구가 나온다. 이는 후술하겠지만 '.env' 파일 내에서 코드 설정을 통해 자동으로 허용/비허용 플러그인 설정이 가능하다. 여기에서는 수동으로 y/n으로 답해준다. 우리는 Email 플러그인을 사용할 것이므로 나오는 목록 중 Email 플러그인 허용 여부에 'y'로 응답해주기만 하면 된다. 나머지는 y나 n 어느 것으로 해도 상관이 없다.

```
NEWS: or selectively enabled using ALLOW_COMMANDS.
NEWS:
NEWS: Further fixes and changes ✗
NEWS: Other highlights include improvements to self-feedback mode and continuous mode,
NEWS: documentation, docker and devcontainer setups, and much more. Most of the improvements
NEWS: that were made are not yet visible to users, but will pay off in the long term.
NEWS: Take a look at the Release Notes on Github for the full changelog!
NEWS: https://github.com/Significant-Gravitas/Auto-GPT/releases
NEWS:
WARNING: Plugin AutoGPTApiTools found. But not in the allowlist... Load? (y/n): y
WARNING: Plugin AutoGPTSpacePlugin found. But not in the allowlist... Load? (y/n): y
WARNING: Plugin AutoGPTBaiduSearch found. But not in the allowlist... Load? (y/n): y
WARNING: Plugin AutoGPTBingSearch found. But not in the allowlist... Load? (y/n): y
WARNING: Plugin AutoGPTBluesky found. But not in the allowlist... Load? (y/n): y
WARNING: Plugin AutoGPTEmailPlugin found. But not in the allowlist... Load? (y/n): y
WARNING: Plugin AutoGPTNewsSearch found. But not in the allowlist... Load? (y/n): y
WARNING: Plugin PlannerPlugin found. But not in the allowlist... Load? (y/n):
```

[플러그인을 설치하면 나오는 허용/비허용 여부를 물어보는 내용]

❾ AutoGPT를 실행하면 다음과 같이 허용한 플러그인을 찾았는지 여부가 나온다. 이제 이메일을 보내주는 플러그인을 활용할 수 있게 되었다. 하지만 몇 가지 기본 설정을 한 후, 이용할 수 있으므로 파일 설정을 하기 위해 일단, [Ctrl]+[C]를 눌러 AutoGPT를 종료한다.

```
Plugins found: 1
-------------------
  Auto-GPT-Email-Plugin: 0.2.0 - This plugin reads and send emails.
```

[Email 플러그인이 설치되어 플러그인을 찾았다는 표시]

❿ 구체적인 설정 방법은 플러그인이 저장된 깃허브에서 볼 수 있다.
플러그인 매뉴얼의 스크롤을 내리면 다음과 같이 플러그인 목록을 볼 수 있다. 플러그인의 목록이 정리된 표의 [Location] 항목에 하이퍼링크 주소가 있는 것을 볼 수 있다. 각각의 링크에 접속하면 플러그인을 이용하기 위한 구체적 설정 방법을 볼 수 있다.
Email 플러그인의 주소를 클릭한다.

☰ README.md

Plugins

> For interactionless use, set `ALLOWLISTED_PLUGINS=example-plugin1,example-plugin2,example-plugin3` in your `.env`

There are two categories of plugins: **first party** and **third party**. First-party plugins are included in this repo and are installed by default when the plugin platform is installed. Third-party plugins need to be added individually. Use first-party plugins for widely-used plugins, and third-party for your specific needs. **You can view all the plugins and their contributors on this directory.**

If you've built a plugin and it's not listed in the directory, you can make a PR to this repo by adding your plugin to the `data` array in `plugins.tsx`.

You can also see the plugins here:

Plugin	Description	Location
Astro Info	This gives Auto-GPT info about astronauts.	autogpt_plugins/astro
API Tools	This allows Auto-GPT to make API calls of various kinds.	autogpt_plugins/api_tools
Baidu Search	This search plugin integrates Baidu search engines into Auto-GPT.	autogpt_plugins/baidu_search
Bing Search	This search plugin integrates Bing search engines into Auto-GPT.	autogpt_plugins/bing_search
Bluesky	Enables Auto-GPT to retrieve posts from Bluesky and create new posts.	autogpt_plugins/bluesky
Email	Revolutionize email management with the Auto-GPT Email Plugin, leveraging AI to automate drafting and intelligent replies.	autogpt_plugins/email

[플러그인 목록에서 Email 플러그인의 링크 주소를 클릭하기]

Tip. Key Features 항목을 보면 Email 플러그인에 대한 자세한 정보를 얻을 수 있다.

> 🔗 ✳️ **Key Features**
>
> - 💬 **Read Emails:** Effortlessly manage your inbox with Auto-GPT's email reading capabilities, ensuring you never miss important information.
> - 📧 **Auto-Compose and Send Emails:** Auto-GPT crafts personalized, context-aware emails using its advanced language model capabilities, saving you time and effort.
> - 📝 **Save Emails to Drafts Folder:** Gain more control by letting Auto-GPT create email drafts that you can review and edit before sending, ensuring your messages are fine-tuned to your preferences.
> - 📎 **Send Emails with Attachments:** Effortlessly send emails with attachments, making your communication richer and more comprehensive.
> - 🖋 **Custom Email Signature:** Personalize your emails with a custom Auto-GPT signature, adding a touch of automation to every message sent by Auto-GPT.
> - 🔄 **Auto-Reply and Answer Questions:** Streamline your email responses by letting Auto-GPT intelligently read, analyze, and reply to incoming messages with accurate answers.
> - 🔧 **Seamless Integration with Auto-GPT:** Enjoy easy setup and integration with the base Auto-GPT software, opening up a world of powerful automation possibilities.
>
> Unlock the full potential of your email management with the Auto-GPT Email Plugin and revolutionize your email experience today! 🚀

[Email 플러그인의 특징]

▶ Email 플러그인의 특징은 다음과 같다.
1. 이메일을 읽을 수 있고, 이메일을 자동으로 작성하여 보낼 수 있다.
2. AutoGPT가 작성한 이메일을 임시보관함에 저장하는 기능이 있어 사용자가 이를 검토한 후, 이메일을 보낼 수 있다.
3. 파일을 첨부하여 이메일을 자동으로 보내는 등 다양한 기능을 제공한다.

2) 이메일 플러그인 설정방법

Installation 항목에서는 Email 플러그인을 설치하고 설정하는 구체적인 방법을 알 수 있다. 1~3번은 사전에 작업이 되어 있으므로 4번부터 추가로 설정해주면 된다.

4. Edit the .env file

Open the .env file in a text editor. Note: Files starting with a dot might be hidden by your operating system.

5. Add email configuration settings

Append the following configuration settings to the end of the file:

```
################################################################
### EMAIL (SMTP / IMAP)
################################################################

EMAIL_ADDRESS=
EMAIL_PASSWORD=
EMAIL_SMTP_HOST=smtp.gmail.com
EMAIL_SMTP_PORT=587
EMAIL_IMAP_SERVER=imap.gmail.com

# Optional Settings
EMAIL_MARK_AS_SEEN=False
EMAIL_SIGNATURE="This was sent by Auto-GPT"
EMAIL_DRAFT_MODE_WITH_FOLDER=[Gmail]/Drafts
```

1. Email address and password:

   o Set EMAIL_ADDRESS to your sender email address.
   o Set EMAIL_PASSWORD to your password. For Gmail, use an App Password.

2. Provider-specific settings:

   o If not using Gmail, adjust EMAIL_SMTP_HOST, EMAIL_IMAP_SERVER, and EMAIL_SMTP_PORT according to your email provider's settings.

3. Optional settings:

   o EMAIL_MARK_AS_SEEN : By default, processed emails are not marked as SEEN. Set to True to change this.
   o EMAIL_SIGNATURE : By default, no email signature is included. Configure this parameter to add a custom signature to each message sent by Auto-GPT.
   o EMAIL_DRAFT_MODE_WITH_FOLDER : Prevents emails from being sent and instead stores them as drafts in the specified IMAP folder. [Gmail]/Drafts is the default drafts folder for Gmail.

6. Allowlist Plugin

In your .env search for ALLOWLISTED_PLUGINS and add this Plugin:

```
################################################################
### ALLOWLISTED PLUGINS
################################################################

#ALLOWLISTED_PLUGINS - Sets the listed plugins that are allowed (Example: plugin1,plugin2,plugin3)
ALLOWLISTED_PLUGINS=AutoGPTEmailPlugin
```

[Email 플러그인 설치 방법]

❶ 플러그인을 설치했으면 몇 가지 설정을 해줘야 한다. 5번 항목인 Add email configuration settings의 내용을 복사한다.

```
####################################################################################
### EMAIL (SMTP / IMAP)
####################################################################################

EMAIL_ADDRESS=
EMAIL_PASSWORD=
EMAIL_SMTP_HOST=smtp.gmail.com
EMAIL_SMTP_PORT=587
EMAIL_IMAP_SERVER=imap.gmail.com

# Optional Settings
EMAIL_MARK_AS_SEEN=False
EMAIL_SIGNATURE="This was sent by Auto-GPT"
EMAIL_DRAFT_MODE_WITH_FOLDER=[Gmail]/Drafts
```
[.env 파일에 추가할 Add email configuration settings 부분]

❷ 설정을 위해 비주얼 스튜디오 코드에서 .env 파일을 클릭하여 코드 편집 화면에 들어간다.

❸ .env 파일의 맨 마지막 부분에 복사한 내용을 붙여넣기 하여 추가해준다. 그런 다음 AutoGPT가 사용할 이메일 주소와 비밀번호를 등록해주어야 한다. 이때, "your-email@example.com" 부분에 실제 이메일 주소를, "your-email-password"부분에 실제 패스워드를 넣는다. 개인정보라 민감한 사항이기 때문에 다른 사람과 공유되지 않도록 주의한다.

EMAIL_ADDRESS "your-email@example.com"
EMAIL_PASSWORD "your-email-password"

[.env 파일에 이메일 아이디와 비밀번호를 넣어 코드를 추가한 화면]

여기에서 한 가지 주의할 점은 이메일 아이디는 우리가 일반적으로 사용하는 주소와 같지만 비밀번호는 현재 사이트에서 이용하는 비밀번호가 아니라는 점이다. 우리가 평소 비밀번호를 인증하는 방식으로 AutoGPT가 인증하는 것은 불가능하므로 이메일 플러그인 이용을 위한 <u>기기용 비밀번호 발급이 필요하다</u>.

가) 기기용 비밀번호를 발급받아 입력하는 방법

❶ 앞에서 .env에 추가할 코드 내용이 적혀 있는 부분의 아래를 보면 [App Password] 하이퍼링크가 활성화 된 부분이 있다. 여기를 클릭한다.

[기기용 비밀번호 발급 메뉴 위치-app password]

❷ 비밀번호를 눌러 본인 인증 절차를 진행한다. [다음]을 클릭한다.

[비밀번호를 입력하여 본인인증하기]

Tip. 아직까지는 Email 플러그인에 'Gmail'만 이용이 가능하다. 왜냐하면 현재 .env 파일 설정에서 구글 API 키를 발급받아 입력 및 이용하고 있는 상태이기 때문에 AutoGPT가 Gmail을 이용하는 구글과는 상호작용을 하지만 다른 사이트와는 API로 상호작용이 어렵기 때문이다. 그러나 Gmail을 이용해 다른 플랫폼에 메일을 보내는 것은 가능하다.

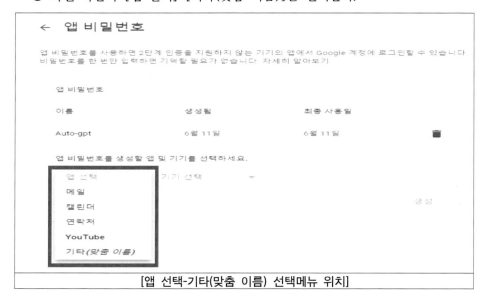

[Email 플러그인을 이용해 구글 외부 사이트인 네이버에 메일을 보낸 결과 화면]

❸ 화면 하단의 [앱 선택]-[기타(맞춤 이름)]을 선택한다.

[앱 선택-기타(맞춤 이름) 선택메뉴 위치]

❹ 원하는 이름을 입력하고 [생성] 버튼을 클릭한다.

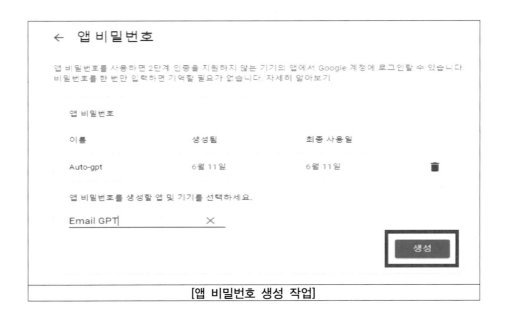

[앱 비밀번호 생성 작업]

❺ 기기용 앱 비밀번호를 드래그하여 클립보드에 복사한다. 기기 비밀번호가 발급되었다고 해서 기존에 쓰던 비밀번호가 변경된 것은 아니므로 굳이 기억하거나 보안상 공유하지 않는 것이 낫다. 기기용 비밀번호는 원할 때 다시 발급받을 수 있기 때문이다.

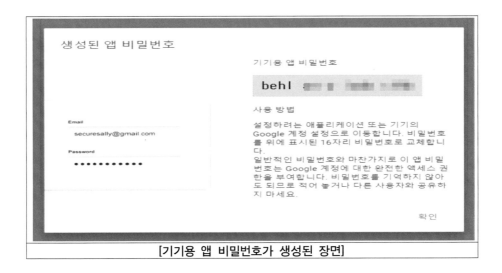

[기기용 앱 비밀번호가 생성된 장면]

❻ .env 편집화면으로 돌아와 'EMAIL_PASSWORD' 부분에 복사한 비밀번호를
붙여넣기 한다.

[.env 파일 안에 이메일 비밀번호 붙여넣기]

Tip. 'Optional Settings'에서는 차례대로 AutoGPT가 이메일을 읽었는지 여부를
표시할지와 이메일에 서명을 쓸지 등을 설정할 수 있다.

237번째 행의 '# EMAIL_DRAFT_MODE_WITH_FOLDER=[Gmail]/Drafts'
부분은 맨 앞의 '#'을 제거하면 AutoGPT가 작성한 이메일이 발송되지 않고 일단
임시 보관함에 저장되며 '#'을 넣어 코드를 비활성화 시키면 AutoGPT가 작성한
메일이 상대방 이메일로 발송된다.

❼ 다음으로 허용하거나 허용하지 않는 플러그인 목록을 설정한다. 'ALLOWLISTED PLUGINS'가 작성된 섹션에 가서 'ALLOW_PLUGINS='의 다음 부분에 허용하는 플러그인의 이름을 하나씩 반점으로 구분하여 추가해 준다. 예를 들어, Email 플러그인을 허용하면 정식 명칭인 'AutoGPTEmailPlugin' 을 추가해 주면 된다. 허용하지 않는 플러그인도 'DENYLISTED_PLUGINS=' 다음 부분에 같은 방식으로 추가해 준다.

```
210   ##############################################################
211   ### ALLOWLISTED PLUGINS
212   ##############################################################
213
214   #ALLOWLISTED_PLUGINS - Sets the listed plugins that are allowed (Example: plugin1,plugin2,plugin3)
215   #DENYLISTED_PLUGINS - Sets the listed plugins that are not allowed (Example: plugin1,plugin2,plugin3)
216   ALLOWLISTED_PLUGINS=AutoGPTEmailPlugin
217   DENYLISTED_PLUGINS=AutoGPTTwitter
218
```

[허용, 허용하지 않는 플러그인 목록 설정 화면]

3) ^{실전프로젝트} AutoGPT가 스스로 지인에게 생일 축하 메일 써서 보내게 해보기

❶ 플러그인을 설치했으면 'py -m AutoGPT' 명령어를 비주얼 스튜디오 코드의
  터미널에 입력하여 AutoGPT를 실행한다. 여기서 'py'는 'python'을 의미한다.
  둘 중 어느 것을 입력해도 명령어가 실행된다.

```
C:\Users\admin\Auto-GPT\Auto-GPT>py -m autogpt
WARNING:  You do not have access to gpt-4. Setting smart_llm_model to gpt-3.5-turbo.
NEWS:  Welcome to Auto-GPT!
NEWS:  Below you'll find the latest Auto-GPT News and updates regarding features!
NEWS:  If you don't wish to see this message, you can run Auto-GPT with the --skip-news flag.
NEWS:
NEWS:  Website and Documentation Site 📰🖥
NEWS:  Check out https://agpt.co, the official news & updates site for Auto-GPT!
NEWS:  The documentation also has a place here, at https://docs.agpt.co
NEWS:
NEWS:  For contributors 👥🖥
NEWS:  Since releasing v0.3.0, we are working on re-architecting the Auto-GPT core to make
NEWS:  it more extensible and to make room for structural performance-oriented R&D.
NEWS:  In the meantime, we have less time to process incoming pull requests and issues,
NEWS:  so we focus on high-value contributions:
NEWS:   * significant bugfixes
NEWS:    major* improvements to existing functionality and/or docs (so no single-typo fixes)
NEWS:   * contributions that help us with re-architecture and other roadmapped items
NEWS:  We have to be somewhat selective in order to keep making progress, but this does not
NEWS:  mean you can't contribute. Check out the contribution guide on our wiki:
NEWS:  https://github.com/Significant-Gravitas/Auto-GPT/wiki/Contributing
NEWS:
NEWS:  🚩 v0.4.0 Release 🚩
NEWS:  Two weeks and 76 pull requests have passed since v0.3.1, and we are happy to announce
NEWS:  the release of v0.4.0!
NEWS:
NEWS:  Highlights and notable changes since v0.3.0:
NEWS:
NEWS:  ⚠Command `send_tweet` is REMOVED
NEWS:  Twitter functionality (and more) is now covered by plugins.
NEWS:
NEWS:  ⚠Memory backend deprecation 🗄
NEWS:  The Milvus, Pinecone and Weaviate memory backends were rendered incompatible
NEWS:  by work on the memory system, and have been removed in `master`. The Redis
NEWS:  memory store was also temporarily removed; we will merge a new implementation ASAP.
NEWS:  Whether built-in support for the others will be added back in the future is subject to
NEWS:  discussion, feel free to pitch in: https://github.com/Significant-Gravitas/Auto-GPT/discussions/4280
```

[Email 플러그인 실행]

현재는 Email Plugin만 허용한 상태이므로 .env 파일 안에 허용 목록과 허용하지 않는 목록을 지정하지 않은 플러그인들의 허용 여부를 묻는 창이 나온다.

[email 플러그인 실행 시 플러그인 허용 여부를 묻는 화면]

❷ 목표 입력 창에 '-manual'을 입력하면 다음과 같이 수동으로 AI의 이름,
  역할, 세부 목표를 수동으로 입력하는 부분이 나온다. AI의 이름을
  'Congratulator'로, 역할을 'Happy birthday Delivery'로 지정하고
  세부 목표를 두 가지로 정하였다.
  첫 번째 세부 목표는 hayeon052312@gmail.com에게 생일 축하 이메일을
  보내는 것으로 설정하였다. 두 번째 세부목표는 목표 달성 시 AutoGPT를
  마치는 것으로 설정하였다.

[Email 보내는 세부 목표 입력 후 메일 내용 보여주며 보낼지 승인 기다리는 장면]

❸ 엔터 키를 누르면 API를 호출하는데 사용할 예산을 입력하는 란이 나온다. 만약 입력하지 않으면 API 키를 무제한으로 이용하여 요금이 많이 나올 수 있으므로 만약을 대비하여 소액을 입력하는 것이 좋다.

[예산 입력하기]

Tip. 예산을 소진하면 다음과 같은 문구가 나오며 더 이상 작업을 진행하지 않는다.

❹ 한도 예산을 입력하고 명령을 실행하면 다시 한번 이름, 역할, 세부 목표가 나오며 AutoGPT가 메일을 작성해주고 이를 보내는 명령 실행 여부를 물어보는 문구가 나온다. 이메일이 보내졌고, 목표를 달성하였으므로 작업을 마칠지 물어보는 문구가 나온다.

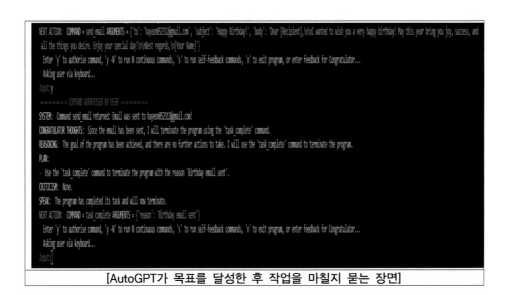

[AutoGPT가 목표를 달성한 후 작업을 마칠지 묻는 장면]

❺ 'y'를 눌러 다음 동작을 실행하자 세부 목표 2의 내용대로 AutoGPT를 자동으로 종료한 것을 볼 수 있다.

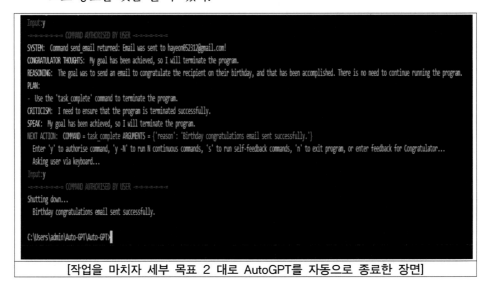

[작업을 마치자 세부 목표 2 대로 AutoGPT를 자동으로 종료한 장면]

다음은 AutoGPT가 실제 hayeon051212@gmail.com 계정으로 보낸 생일 축하 메일이다.

[AutoGPT가 Email 플러그인을 이용해 스스로 보낸 생일 축하 메일]

메일 본문 내용은 다음과 같다.

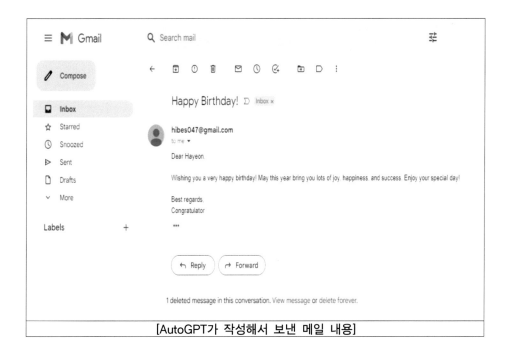

[AutoGPT가 작성해서 보낸 메일 내용]

Tip. 'docker-compose run --rm AutoGPT'를 커맨드 창에 입력하여 실행하면 AutoGPT가 실행되기는 하지만 플러그인이 연결되어 있지 않은 것을 볼 수 있다.

도커 구동 여부	실행 명령어	AutoGPT 실행 여부	플러그인 이용 가능 여부
O	docker-compose run --rm AutoGPT	O	X
O	py(또는 python) -m AutoGPT	O	O
X			

*처음부터 도커로 설정하면 './run.bat' 명령어로는 AutoGPT를 실행할 수 없다. 따라서 'py -m AutoGPT' 명령어로 실행해야 플러그인을 이용 가능하다.

다. 스스로 조사해서 게시물을 올려주는 노션(Notion) 플러그인 이용해 보기

1) 노션(Notion)이란?

노션(Notion)은 다목적 작업 및 협업 소프트웨어이다. 노션은 개인 및 팀이 다양한 작업을 수행하고 정보를 구조화하며 협업하는 데 도움을 주는 도구로서 텍스트, 미디어, 작업 목록 등을 통합하여 제공한다. 다양한 기능을 갖춘 노션은 노트 정리, 프로젝트 관리, 지식 베이스 구축, 작업 일정 조율, 문서 공유 등 다양한 용도로 사용된다.

2) 노션의 주요 특징

노션의 주요 특징은 사용자가 요구하는 방식에 맞게 유연하게 활용할 수 있어서 개인적인 사용에서부터 중대한 프로젝트의 협업까지 다양한 상황에 적용된다는 것이다. 이를 통해 정보 구성과 협업 프로세스를 효율적으로 관리할 수 있다.

▪ 페이지와 블록 구조: 노션은 페이지를 생성하고 각 페이지 내에서 다양한 유형의 블록을 추가하여 정보를 구성할 수 있다. 텍스트, 체크리스트, 테이블, 이미지, 동영상 등 다양한 형식의 블록을 조합하여 페이지를 구성할 수 있다.

▪ 다목적 사용: 개인적인 노트 정리, 일정 관리, 프로젝트 팀 협업, 블로그 글 작성 등 다양한 용도로 활용할 수 있다.

▪ 프로젝트 및 작업 관리: 노션은 작업 목록, 칸반 보드, 일정 표시 등의 기능을 통해 프로젝트와 작업을 효율적으로 관리할 수 있다.

▪ 데이터베이스 기능: 노션은 데이터베이스 형태로 정보를 구성할 수 있다. 테이블 형식으로 데이터를 정리하고 필터링하여 원하는 정보에 빠르게 접근할 수 있다.

▪ 협업 기능: 팀원들과 함께 노션 문서를 공유하고 동시에 편집할 수 있다. 댓글, 멘션, 공유 링크 등을 통해 협업을 원활하게 할 수 있다.

■ 템플릿 및 라이브러리: 노션은 다양한 템플릿과 블록 라이브러리를 제공하여 사용자들이 쉽게 문서를 작성하고 구조화할 수 있도록 돕는다.

■ 모바일 앱 지원: 노션은 모바일 앱을 통해 어디서든 작업을 진행하고 문서에 접근할 수 있다..

3) 노션 플러그인 설치방법

❶ 노션 플러그인 설치는 깃허브의 AutoGPT 플러그인에 접속하여 플러그인 종류가 나온 표의 링크로 접속한 후 설치 방법을 따른다.

Notion	Notion plugin for Auto-GPT.	doutv/Auto-GPT-Notion

[노션 플러그인 링크(파란색 글씨) 클릭하기]

❷ 노션 플러그인 링크에서 다운로드 안내문의 '2' 항목의 인스톨 명령어를 복사하여 비주얼 스튜디오 코드의 터미널 창에 붙여넣기 한다.

Getting Started

Do not clone this repo, the working directory and environment are under **Auto-GPT**.

Prerequisites

1. Install Auto-GPT, **checkout the** latest release v0.3.0 **which add plugins support**, and make sure you can run it successfully.

2. Install extra dependencies for this plugin.

```
pip install notion-client python-dotenv auto_gpt_plugin_template
```

Download

Click Here to download the source code as ZIP, and place the ZIP file under Auto-GPT/plugins/ .

[노션 플러그인 링크에서 다운로드 안내문의 실행문 복사하기]

PS C:\Users\user\Auto-GPT> pip install notion-client python-dotenv auto_gpt_plugin_template
Collecting notion-client
  Downloading notion_client-2.0.0-py2.py3-none-any.whl (13 kB)
Requirement already satisfied: python-dotenv in c:\users\user\appdata\local\programs\python\python311\lib\site-packages (1.0.0)
Requirement already satisfied: auto_gpt_plugin_template in c:\users\user\appdata\local\programs\python\python311\lib\site-packages (0.0.3)
Requirement already satisfied: httpx>=0.15.0 in c:\users\user\appdata\local\programs\python\python311\lib\site-packages (from notion-client) (0.24.1)
Requirement already satisfied: abstract-singleton in c:\users\user\appdata\local\programs\python\python311\lib\site-packages (from auto_gpt_plugin_template) (1.0.1)
Requirement already satisfied: certifi in c:\users\user\appdata\local\programs\python\python311\lib\site-packages (from httpx>=0.15.0->notion-client) (2023.5.7)
Requirement already satisfied: httpcore<0.18.0,>=0.15.0 in c:\users\user\appdata\local\programs\python\python311\lib\site-packages (from httpx>=0.15.0->notion-client) (0.17.2)
Requirement already satisfied: idna in c:\users\user\appdata\local\programs\python\python311\lib\site-packages (from httpx>=0.15.0->notion-client) (3.4)
Requirement already satisfied: sniffio in c:\users\user\appdata\local\programs\python\python311\lib\site-packages (from httpx>=0.15.0->notion-client) (1.3.0)
Requirement already satisfied: h11<0.15,>=0.13 in c:\users\user\appdata\local\programs\python\python311\lib\site-packages (from httpcore<0.18.0,>=0.15.0->httpx>=0.15.0->notion-client) (0.14.0)
Requirement already satisfied: anyio<5.0,>=3.0 in c:\users\user\appdata\local\programs\python\python311\lib\site-packages (from httpcore<0.18.0,>=0.15.0->httpx>=0.15.0->notion-client) (3.7.0)
Installing collected packages: notion-client
Successfully installed notion-client-2.0.0

[노션 플러그인 설치 장면]

❸ 플러그인 소스 코드를 다운로드 해 AutoGPT 폴더의 plugins 폴더에 압축을 푼다.

[플러그인 소스 코드 다운로드] [소스 코드 압축해제 경로]

4) 노션 플러그인 설정방법

❶ 노션에 로그인하여 API ingegration을 만들고 노션 토큰을 발급받는다. 노션 깃허브 저장소의 링크를 활용할 수 있다.
(https://www.notion.so/my-integrations)
사이트에 접속해서 직사각형의 [+]를 클릭한다.

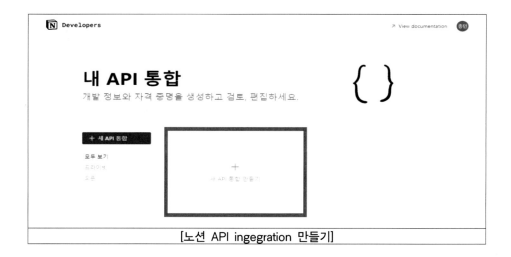

[노션 API ingegration 만들기]

❷ 기본 정보를 입력한 후 [제출]을 클릭한다.

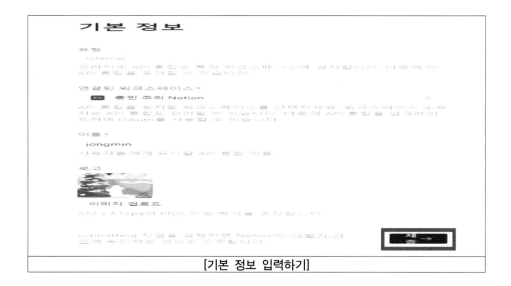

[기본 정보 입력하기]

❸ API 통합 키가 발급되면 [표시]를 클릭한다. 키가 보이면 [복사] 버튼을 눌러 클립보드에 API 통합 키를 복사한다.

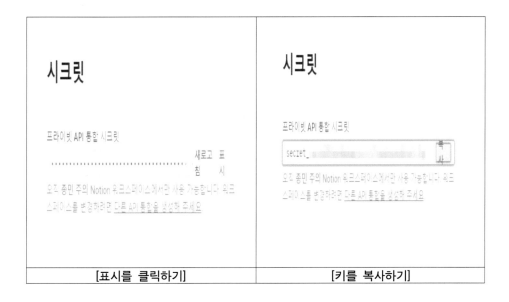

[표시를 클릭하기]	[키를 복사하기]

❹ Notion Settings의 2번 항목에서 'this database template'링크를 눌러 AutoGPT -Notion 페이지에 접속한다.

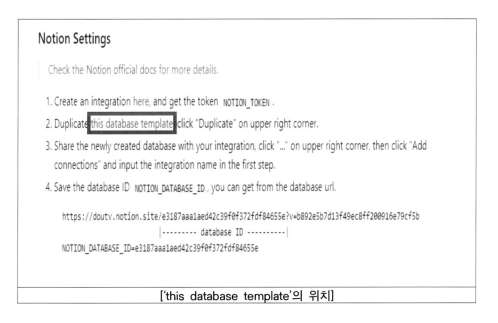

['this database template'의 위치]

❺ 화면 우측 상단의 [복제] 버튼을 누르면 작업이 진행되는 동안 복제 중이라는 대화상자가 나오며 내 노션 홈페이지에 AutoGPT-Notion 템플릿이 복제되어 생성된다.

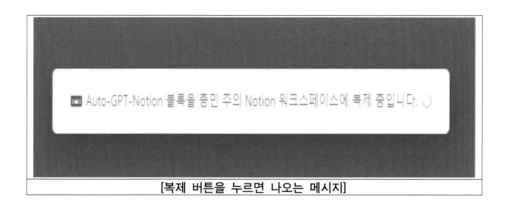

[복제 버튼을 누르면 나오는 메시지]

[생성한 Auto-GPT-notion 페이지]

❻ 나의 노션에서 화면 오른쪽 상단의 모서리에 있는 '...'를 클릭한 후, [+연결 추가]를 누르고 API 통합 키를 받을 때 입력했던 이름을 입력한다.

[연결 추가 누르기]

❼ 검색되어 나오는 이름을 확인한 후 클릭하면 엑세스 권한 부여와 관련된 대화 상자가 나온다. [확인]을 클릭한다.

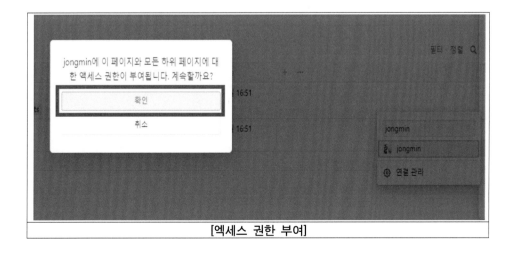

[엑세스 권한 부여]

❽ 데이터베이스 url에서 데이터베이스 id를 확인한다. id는 url에서 '/' 이후부터
'?' 전까지이다. '707ec5c9c95e4ca2bfe429f17bb4d7f5' 이 부분이 해당된다.

['database id'의 위치]

❾ 비주얼 스튜디오 코드에서 .env파일에 들어가 허용 플러그인 목록에 AutoGPT
Notion을 추가한다.

```
210    ################################################################
211    ### ALLOWLISTED PLUGINS
212    ################################################################
213
214    #ALLOWLISTED_PLUGINS - Sets the listed plugins that are allowed (Example: plugin1,plugin2,plugin3)
215    #DENYLISTED_PLUGINS - Sets the listed plugins that are not allowed (Example: plugin1,plugin2,plugin3)
216    ALLOWLISTED_PLUGINS=Auto-GPTNotion
217    DENYLISTED_PLUGINS=
218
219    ################################################################
220    ### CHAT PLUGIN SETTINGS
221    ################################################################
222    # CHAT_MESSAGES_ENABLED - Enable chat messages (Default: False)
223    # CHAT_MESSAGES_ENABLED=False
224
```

[노션 허용 플러그인 목록 입력]

⑩ 노션의 토큰과 데이터베이스 ID와 관련한 코드를 .env 파일에 추가한다. 추가할 내용은 깃허브 노션 플러그인 매뉴얼의 'Edit Environment' 항목의 2번째 내용을 참고하면 된다.

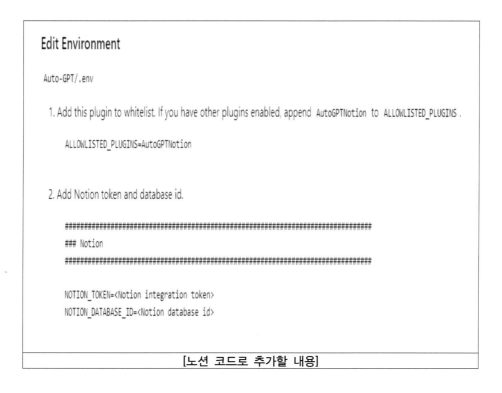

[노션 코드로 추가할 내용]

다음과 같이 API 통합 토큰과 데이터베이스 ID를 .env 파일에 추가한 후 저장하면 AutoGPT에서 노션을 이용할 준비가 완료된다.

[노션 코드 설정 완성]

Tip. 다음은 노션 플러그인의 명령어와 기능이다.

명령어	기능
notion_get_all_pages	데이터베이스에서 모든 페이지 속성을 검색한다.
notion_retrieve_page	페이지의 속성과 콘텐츠를 ID로 검색한다.
notion_create_page	새로운 Notion 페이지를 생성한다.
notion_append_page	ID로 페이지 콘텐츠를 추가한다.
notion_update_page_properties	ID로 페이지 속성을 업데이트한다.

5) ^{실전프로젝트} AutoGPT가 스스로 조사 보고서를 작성해 게시물을 올리게 해보기

이제 AutoGPTNotion 플러그인을 이용하여 요즘 교육계에서 화두가 된 'IB 교육이란 무엇인지 구글을 이용해 조사하고 노션에 페이지를 만들어 조사 결과를 탑재하기'를 주제로 작업을 해 보겠다.

❶ 명령프롬프트에 py -m AutoGPT로 AutoGPT를 실행한다. 목표 부분을 수동으로 입력해주기 위해 '-manual'을 입력하고 이름, 역할, 세부 목표를 입력한다.

```
Welcome to Auto-GPT!  run with '--help' for more information.
Create an AI-Assistant:  input '--manual' to enter manual mode.
    Asking user via keyboard...
I want Auto-GPT to: -manual
Unable to automatically generate AI Config based on user desire.  Falling back to manual mode.
Create an AI-Assistant:  Enter the name of your AI and its role below. Entering nothing will load defaults.
Name your AI:  For example, 'Entrepreneur-GPT'
    Asking user via keyboard...
AI Name: Notion GPT
Notion GPT here!  I am at your service.
Describe your AI's role:  For example, 'an AI designed to autonomously develop and run businesses with the sole goal of increasing your net worth.'
    Asking user via keyboard...
Notion GPT is: Research assistant
Enter up to 5 goals for your AI:  For example: Increase net worth, Grow Twitter Account, Develop and manage multiple businesses autonomously'
    Enter nothing to load defaults, enter nothing when finished.
    Asking user via keyboard...
Goal 1: Use "google" command to search what is IB education, and save the result to a Notion page.
    Asking user via keyboard...
Goal 2: Terminate once done.
    Asking user via keyboard...
Goal 3:
Enter your budget for API calls:  For example: $1.50
    Enter nothing to let the AI run without monetary limit
    Asking user via keyboard...
Budget: $1
```

[AutoGPT를 실행하고 이름, 역할 세부 목표 입력하기]

❷ 엔터 키를 누르면 AutoGPT가 목표를 분석하고 계획을 세우고 비판하는 등 판단을 하기 시작한다.

```
Notion GPT has been created with the following details:
Name:  Notion GPT
Role:  Research assistant
Goals:
- Use "google" command to search what is IB education, and save the result to a Notion page.
- Terminate once done.
Using memory of type:  JSONFileMemory
Using Browser:  chrome
NOTION GPT THOUGHTS:  I will use the 'google' command to search for information on IB education.
REASONING:  The 'google' command will allow me to search for information on IB education and save the result to a Notion page, which is the goal of this task.
PLAN:
- Use the 'google' command to search for information on IB education.
- Save the result to a Notion page.
- Terminate once done.
CRITICISM:  I need to ensure that the information I find is accurate and relevant to the task at hand.
SPEAK:  I will use the 'google' command to search for information on IB education.
NEXT ACTION:  COMMAND = google ARGUMENTS = {'query': 'IB education'}
    Enter 'y' to authorise command, 'y -N' to run N continuous commands, 's' to run self-feedback commands, 'n' to exit program, or enter feedback for Notion GPT...
    Asking user via keyboard...
```

160 AutoGPT가 목표를 분석하는 장면

❸ AutoGPT가 notion에 탑재할 글을 검색해 정리하고 페이지를 만들어 탑재할지 여부를 물어본다.

```
-=-=-=-=- COMMAND AUTHORISED BY USER -=-=-=-=-
SYSTEM:  Command google returned: [ { "title": "International education - International Baccalaureate®", "href": "https://ibo.org/", "body": "The International Baccalaureate (IB) develops li
a difference. Learn why the IB is unique Thought leadership How the International Baccalaureate is re-evaluating education to focus on the well-being of students, teachers News" }, { "title
ikipedia", "href": "https://en.wikipedia.org/wiki/International_Baccalaureate", "body": "[1] [2] It offers four educational programmes: the IB Diploma Programme and the IB Career-related Pro
the IB Middle Years Programme for students aged 11 to 16, and the IB Primary Years Programme for children aged 3 to 12. [3] To teach these programmes, schools must be authorized by the Inter
e": "What Is the IB Program, and What Are IB Classes? - PrepScholar", "href": "https://blog.prepscholar.com/what-are-ib-classes", "body": "To earn an IB Diploma, you have to go to an IB-appr
chooll") and meet the requirements, which include taking classes in the six subject groups, passing the IB exams, and completing three additional core requirements. But what if you don't wan
"What's Better for You: IB or AP? College Expert Guide - PrepScholar", "href": "https://blog.prepscholar.com/whats-better-for-you-ib-or-ap", "body": "The Advanced Placement (AP) and Interna
are both high school programs that offer college-level courses and the opportunity to earn college credit. So what's the difference between AP and IB? Does one look more impressive than the
ernational Baccalaureate world schools (IB schools) are committed to active, creative, cross-cultural education and allow their diploma recipients to study at universities worldwide. The goa
esponsible, socially conscious adults who use their cross-cultural education to promote world peace." }, { "title": "Artificial intelligences like ChatGPT can change education: concerns ..."
cial-reports/article/3218587/artificial-intelligences-chatgpt-can-change-education-concerns-about-plagiarism-and-students?module-hard_link&pgtype-article", "body": "With all this in mind, th
- considered by many to be the world's most forward-thinking secondary school curriculum provider - believes that students can use ..." }, { "title": "Teaching ideas for Biology for the IB D
", "href": "https://www.cambridge.org/gb/education/blog/2023/06/07/teaching-ideas-for-biology-for-the-ib-diploma/", "body": "Brenda is an author from our Biology for the IB Diploma series. S
s at a top IB school in England and is also a teacher trainer. In her blog post Brenda looks at the importance of studying Biology for the IB Diploma. She describes how to support your biolo
s, as well as ..." }, { "title": "What is International Baccalaureate? - GreatSchools", "href": "https://www.greatschools.org/gk/articles/what-is-ib-international-baccalaureate/", "body": "C
tudents in international schools, IB is now offered in 5,175 schools across 157 countries — with 1,852 public and private schools (and counting) in the U.S. IB has gained popularity for sett
creative and critical thinking." }]
NOTION GPT THOUGHTS:  I will use the 'notion_create_page' command to create a new Notion page and save the information on IB education that I found using the 'google' command.
REASONING:  The 'notion_create_page' command will allow me to create a new Notion page and save the information on IB education that I found using the 'google' command, which is the goal of
PLAN:
- Use the 'notion_create_page' command to create a new Notion page.
- Save the information on IB education that I found using the 'google' command to the Notion page.
- Terminate once done.
CRITICISM:  I need to ensure that the information I save to the Notion page is accurate and relevant to the task at hand.
SPEAK:  I will use the 'notion_create_page' command to create a new Notion page and save the information on IB education that I found using the 'google' command.
NEXT ACTION:  COMMAND = notion_create_page ARGUMENTS = {'title': 'Information on IB Education', 'summary': 'This page contains information on IB education that I found using the 'google' com
, 'content': 'The International Baccalaureate (IB) is an educational foundation that offers four educational programmes: the IB Diploma Programme and the IB Career-related Programme for stud
ears Programme for students aged 11 to 16, and the IB Primary Years Programme for children aged 3 to 12. To teach these programmes, schools must be authorized by the International Baccalaure
to create responsible, socially conscious adults who use their cross-cultural education to promote world peace.'}
    Enter 'y' to authorise command, 'y -N' to run N continuous commands, 's' to run self-feedback commands, 'n' to exit program, or enter feedback for Notion GPT...
    Asking user via keyboard...
```

[AutoGPT가 Notion에 탑재할 글을 검색해 정리하고 페이지를 만들어 탑재할지 여부를 물어보는 장면]

❹ 'y'를 눌러 피드백을 하면 구글링한 글이 노션 홈페이지에 탑재되고 작업이 마무리된다.

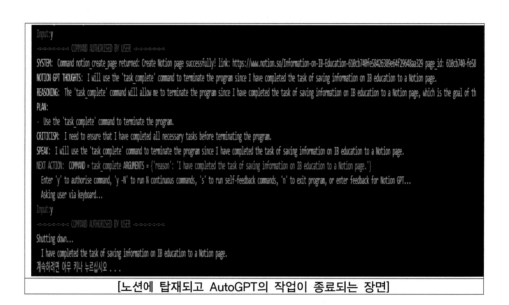

[노션에 탑재되고 AutoGPT의 작업이 종료되는 장면]

[앞의 작업 결과로 노션 페이지가 생성된 화면]

AutoGPT에게 ChatGPT를 이용하여 사업을 하려고 하는데 시장 전망을 조사하여 노션 페이지를 만들어 올려달라는 미션에 의해 나온 간단한 보고서이다. AutoGPT는 간단한 설문 내용을 3개 만들었고, 이에 대한 응답 결과 까지 가지고 왔다. 그러나 응답자 전체 표집 수가 얼마나 되는지가 나오지 않았고 설문 통계를 가지고 오는 데 불과 1분도 안 된 것을 보면 실제 설문을 했다고 보기는 어려울 것이다.

이 내용으로 구글 검색을 해봤지만 유사한 내용은 검색되지 않았다. 필자가 한국어 버전의 구글을 이용해 자료가 있으나 찾지 못한 것일 수도 있다. 하지만 정리해 보면 AutoGPT는 구글에서 필요한 내용을 검색하여 ChatGPT가 작업 하듯이 데이터를 처리했다고 유력하게 예상된다.

Market Research Survey Results

⊙ Created time	2023년 6월 12일 19:46
☰ Summary	This page contains the results of the market research survey conducted to gather information about market demand for ChatGPT services.
⋮☰ Tags	market research survey ChatGPT
＋ 속성 추가	

총민 댓글 추가

Survey Questions:
1. What is your experience with AI-powered chatbots?
2. How likely are you to use a chatbot for customer service?
3. What features would you like to see in a chatbot for customer service?

Survey Responses:
1. 50% of respondents have used an AI-powered chatbot before.
2. 75% of respondents are likely to use a chatbot for customer service.
3. The most requested features for a chatbot for customer service are 24/7 availability, quick response times, and personalized service.

[Market Research Survey Results]

다른 플러그인도 활용법은 동일하다.

인스타그램 플러그인 활용법을 예로 들면,

❶ 화면 우측의 [Code]-[Download ZIP]을 눌러 인스타그램 플러그인 리소스를
다운로드한다.

[인스타그램 플러그인 리소스 다운로드]

❷ 다운받은 파일을 AutoGPT의 하위 폴더인 'Plugins'에 복사한다.

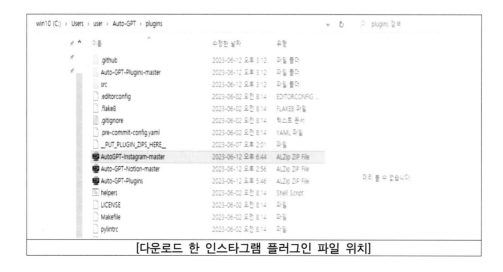

[다운로드 한 인스타그램 플러그인 파일 위치]

❸ '.env' 파일 안에 인스타그램 아이디와 비밀번호를 입력해주고 'pip install instabot' 입력하여 인스타봇을 설치 후 Email 플러그인과 마찬가지로 이용하면 된다.

Tip. 인스타그램 플러그인의 경우, PC에서 인스타그램이 로그인이 된 상태에서 이용하면 AutoGPT와 함께 로그인한 것으로 되어 계정 보호 정책으로 로그인이 중복되는 에러가 날 수 있다. 따라서 PC에서 인스타그램이 로그아웃된 상태에서 AutoGPT를 이용해 작업을 해야 한다.

사이트의 아이디와 비밀번호만 있으면 이용할 수 있는 플러그인이 있는가 하면 유튜브 플러그인처럼 별도로 API 키를 발급받아 입력한 후 이용해야 하는 플러그인도 있다.
이러한 플러그인을 활용해 구글로 특정 주제를 리서치 후 내용을 인스타에 올리거나 노션에 올릴 수 있다. 그리고 트위터와 연동하는 것도 가능하다.

4. AutoGPT의 한계와 발전 가능성

AutoGPT와 관련된 기술이 지속적으로 개발중이지만 아직은 시험 버전이기 때문에 결과물의 수준이 만족스럽지는 못한 편이다. 그리고 실행할 때 오류가 많이나서 이를 해결하는 디버깅 과정이 조금 번거로울 수 있다. 또한 복잡한 실제 비즈니스 상황에 제대로 작동하지 않을 수 있다. API 키 비용이 많이 들수 있는 것도 단점이다. 키의 사용 한도를 설정하고 지속적으로 이를 모니터링해야한다. 하지만 AutoGPT는 닐 암스트롱이 첫 달 탐사 때 달에 남긴 발자국과 같이 **인공일반지능의 첫걸음**으로서 의미가 있다.

이러한 상황에서 이른바 '프롬프트 작가'의 역할이 중요해지고 있다. AutoGPT나 ChatGPT와 같은 인공지능 언어 모델을 이용할 때 프롬프트 작가가 중요한 이유는 다음과 같다.

- 목표 설정과 문맥 제어: 언어 모델은 주어진 프롬프트에 따라 문장을 생성하게 된다. 프롬프트 작가는 원하는 결과를 얻기 위해 적절한 문맥과 목표를 설정할 수 있다. 예를 들어, "과학적인 언어로 자동차 기술에 대해 설명해주세요."와 "간단하고 쉬운 언어로 자동차 기술을 소개해주세요."라는 프롬프트는 서로 다른 스타일과 수준의 설명을 이끌어 낼 수 있다.

- 원하는 톤과 스타일 설정: 언어 모델은 다양한 문체와 톤으로 글을 작성할 수 있다. 프롬프트 작가는 작성할 글의 스타일과 톤을 결정하여 언어 모델이 그에 맞는 문장을 생성하도록 도와준다. 예를 들어, "유머 감각을 담은 과학 논문을 써 주세요."와 "진지한 톤으로 과학 관련 기사를 작성해주세요."라는 프롬프트는 각각 다른 스타일의 결과물을 내놓을 것이다.

- 언어 모델의 편향 보완: 언어 모델은 훈련 데이터에 내재된 편향을 반영할 수 있다. 프롬프트 작가는 특정 편향을 보완하거나 교정하기 위해 프롬프트를 구성할 수 있다. 예를 들어, "다양한 성별과 문화에서 긍정적인 리더십 특성을 갖는 인물을 묘사해주세요."라는 프롬프트를 통해 편향 없는 묘사를 유도할 수 있다.

- 정확성과 합리성 유도: 프롬프트 작가는 언어 모델이 논리적이고 합리적인 내용을 생성하도록 도와줄 수 있다. "과학적으로 설명 가능한 방식으로 UFO 관련 이론을 제시해 주세요."와 같은 프롬프트를 통해 언어 모델이 합리적인 근거에 따라 내용을 생성하도록 유도할 수 있다.

■ 미디어 생성의 윤리적인 측면 강화: 프롬프트 작가는 언어 모델이 민감한 주제나 윤리적으로 중요한 내용을 다룰 때 적절한 방향을 제시할 수 있습니다. 이를 통해 불필요한 갈등이나 논란을 방지하고 윤리적인 콘텐츠 생성을 돕는 역할을 할 수 있다.

■ 생산성 향상과 시간 절약: 적절한 프롬프트를 통해 언어 모델이 바로 필요한 내용을 생성하게 함으로써 시간을 절약하고 생산성을 향상시킬 수 있다. 명확한 프롬프트로 언어 모델에게 필요한 정보를 정확하게 전달하면 원하는 결과물을 신속하게 얻을 수 있다.

제3장 인공일반지능 2: 에이전트지피티(AgentGPT) 이용하기

1. AgentGPT란?

AgentGPT는 이용자가 이름과 목표를 설정해주면 스스로 과제를 설정하고 피드백을 자동적으로 실행 가능한 인공지능이다. AgentGPT는 에이전트와 언어학습 모델을 연결해준다. 에이전트들은 목표를 달성하기 위해 계획을 세워 실행하고 더 나은 방법을 찾아내기 위한 전략을 세운다. 데이터를 분석하는 작업에 ChatGPT를 연결할 수 있어 작업 효율을 높일 수 있다.

[AgentGPT의 메인 화면]

가. AgentGPT의 특징

- 프로그래밍 기초지식이 없어도 복잡한 코딩 작업 없이 자연어로 즉각적인 데이터를 얻을 수 있다.
- 목표를 입력하면 인공지능이 스스로 작업을 수행한다.

나. AgentGPT와 AutoGPT 비교

AutoGPT는 설치 후 env. 파일을 이용자가 수동으로 수정해줘야 하지만 Agent GPT는 로컬 설치 및 설정 절차를 따르면 env. 파일 안에 들어갈 설정 내용을 이용자가 별도로 수정하지 않아도 된다. 따라서 코딩 지식이 많지 않은 초보자들도 쉽게 설정하고 이용할 수 있다.

AgentGPT를 이용하는 방법에는 자체 데이터베이스 기반으로 실행하는 방법과 로컬에 설치하여 AgentGPT를 실행하는 두 가지 방법이 있다.

PC에 별도의 설치 없이 자체 데이터베이스를 기반으로 AgentGPT를 이용하는 경우에는 목표 달성을 위해 이용하는 정보를 자체 데이터베이스에만 의존하므로 이용하는 정보의 최신성, 다양성이 부족할 수 있다. 그러나 로컬 설치를 통해 접속하여 AgentGPT를 이용하면 웹과 연결하여 정보를 수집하므로 보다 풍부한 문제 해결 전략을 이용할 수 있다. 왜냐하면 OpenAI의 ChatGPT4 등의 웹 서비스를 연결할 수 있는 API 키와 기타 다른 웹을 이용할 수 있는 API 키를 입력해 이를 활용하는 것이 가능하기 때문이다.

2. AgentGPT 문제 해결 Q&A

Q1. 무료 API 크레딧이 있는데, API 키가 작동하지 않는 이유
A1. OpenAI API 계정은 처음 $18의 무료 티어 크레딧으로 시작한다. 그런데 개별 서버는 초당 몇 번만 무료 티어 API를 실행하면 중지된다. AgentGPT 서버는 많은 수의 이용자로부터 모든 API 호출을 실행해야 하므로 불가능하다.
유료 API를 이용할 경우, 이 문제의 해결이 가능하다. API 키에 결제 정보를 추가하여 이용이 가능하다.

Q2. ChatGPT Plus를 구독하고 있는데, API 키가 작동하지 않는 이유
A2. ChatGPT Plus는 OpenAI API 키와는 별개이다. ChatGPT Plus를 가지고 있다고 해서 API를 사용할 수 있게 되는 것은 아니다. 무료 계정은 $18 크레딧으로 시작하지만 이는 금세 만료될 수 있다. 따라서 오픈AI API 사이트에 접속하여 API 키 계정에 결제 정보를 추가해야 한다.
다음 링크 (https://platform.openai.com/account/billing/overview)를 방문하여 API 키 이용료가 결제되게 할 수 있다.

Q3. '설정에서 API 키 입력이 누락되었습니다.'라고 나오는 이유
A3. 설정에서 API 키를 입력하는 기능이 여러 가지 문제를 일으켜 다른 기술적인 발달을 지연시켰다. 따라서 AgentGPT 개발사에서서는 API 키 입력 기능을 중지시켰다.

Q4. 프로 플랜이 제대로 작동하지 않는 이유
A4. 모델에 GPT4 키를 사용하고 있기 때문이다. 설정에서 GPT3.5-turbo로 전환하면 프로 플랜이 정상적으로 작동한다. 현재, GPT4 API에 대한 속도 제한 문제를 처리 중인 상황이다. AgengGPT 개발사에서는 OpenAI와 이 문제를 해결하기 위해 협의 중이다.

Q5. AgentGPT가 만든 파일 / 데이터베이스 / 스크립트를 찾을 수 있는 위치
A5. 현재 AgentGPT는 이 기능을 제공하고 있지 않다.

Q6. AgentGPT를 사용한 사례

A6. AgentGPT는 현재 개발 초기 단계에 있지만 이용자들이 생산성 향상에 유용하게 사용하고 있다. 시장 조사, 웹 스크래핑, 여행 계획 수립, 마케팅 전략 개발 등을 돕는데 사용할 수 있다. 다음의 링크에 접속하면 사용 사례를 자세히 확인할 수 있다. https://docs.reworkd.ai/usecases

Q7. 출력 결과가 완결되지 않고 일부분까지만 잘려서 나오는 이유

A7. 출력 결과가 길수록 AgentGPT 개발사의 비용이 더 많이 든다. 이 때문에 출력 길이에 제한이 있어서 더 긴 메시지는 잘릴 수 있다. 유료 API 키를 이용하면 설정 메뉴의 고급 설정에서 토큰 수를 늘려 출력 길이를 늘릴 수 있다.

Q8. AgentGPT의 GPT-4 사용 가능 여부

A8. AgentGPT는 현재 비용과 가용성 때문에 GPT-3.5를 사용하고 있다. 그러나 조만간 AgentGPT에서는 ChatGPT와 같이 구독 모델을 도입하여 내부 GPT4를 사용해 에이전트를 실행할 예정이다. GPT-4에 대한 API 접근 권한이 있다면, 설정 메뉴에서 자신의 API 키를 입력하고 이용하는 모델로 GPT-4를 선택할 수 있다.

Q9. GPT4 모델을 이용 시 "ERROR accessing OpenAI's API. Please check your API key or try again later."라는 오류 메시지가 나오는 이유

A9. OpenAI API 계정에 성공적으로 등록하고 결제 정보를 제공했음에도 불구하고, GPT-4 모델에 대한 접근이 즉시 가능하지는 않다. OpenAI는 GPT-4 모델에 접근하려는 개인들을 위한 대기 목록을 구현했다. 대기 목록에 가입하려면 다음 링크에 접속하면 된다.

https://openai.com/waitlist/gpt-4-api

Q10. AgentGPT가 100명에게 이메일을 보냈다는 이야기가 있는데 실제 사례인지 여부

A10. 사실이 아니다. 현재는 불가능하지만, 이를 구현하려고 계획 중이다.

Q11. 에이전트가 동작하다가 갑자기 멈췄는데 중단된 곳에서 다시 시작할 수 있나

A11. 현재 모든 에이전트 실행은 서로 분리되어 있어 불가능하다. 추후 이게 가능하도록 할 계획이다.

3. AgentGPT 이용해 보기

가. 계정 만들기

❶ 화면 왼쪽 상단의 [Sign in]을 클릭한다. 원하는 방식으로 계정을 생성한다. 기존에 가지고 있는 구글, 깃허브, 디스코드 계정을 연동 가능 하다.

[계정 생성하기]

나. 요금제 알아보기

AgentGPT에서 3가지 요금제를 선택할 수 있다.

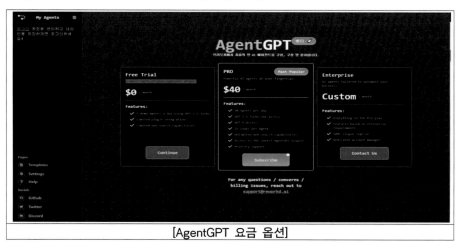

[AgentGPT 요금 옵션]

옵션	개요	이용료	특징
무료 버전 (Free Trial)	AgentGPT 서비스 맛보기용	0$	· GPT-3.5-Turbo를 사용하여 하루에 5개의 데모 에이전트를 이용 가능 · 플러그인 통합이 제한되어 있음 · 제한된 웹 검색 기능
PRO	강력한 AI 에이전트 이용가능	$40	· 하루에 30개의 에이전트 이용 가능 · GPT-3.5-Turbo 16k 접근 권한 · GPT-4에 접근이 가능 · Agent당 25번의 루프 수를 제공 · 무제한 웹 검색 기능 제공 · 최신 AgentGPT 플러그인에 접근 가능 · 우선순위 지원
Enterprise	비즈니스를 자동화하기 위해 맞춤 설정된 AI 에이전트	* Custom	· PRO 플랜 옵션의 모든 내용이 포함됨 · 기업의 요구사항에 기반한 기능들 · 통합인증 방식 지원 · 전담 계정 관리자 지원

*Custom은 사용자가 자신의 요구에 맞게 요금제를 구성하는 것을 의미한다.

다. 로컬(local)에 설치하여 AgentGPT 이용해 보기

로컬에 설치하여 AgentGPT를 실행하는 방법(운영체제 Windows 기준)
*설치를 위한 사전 준비
구글 검색창에 'Node.js'를 검색하여 노드 자바스크립트를 설치한다.

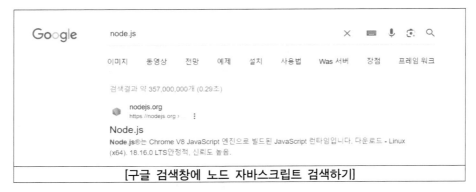

[구글 검색창에 노드 자바스크립트 검색하기]

1) AgentGPT 설치하기

❶ AgentGPT 홈페이지 메인 화면의 왼쪽 하단에 있는 Github를 클릭해 AgentGPT 파일 소스 저장소에 접속한다.

[깃허브 AgentGPT 저장소 접속]

❷ 화면 왼쪽 상단의 [Code]-[Download ZIP]을 눌러 AgentGPT의 소스를 다운받는다.

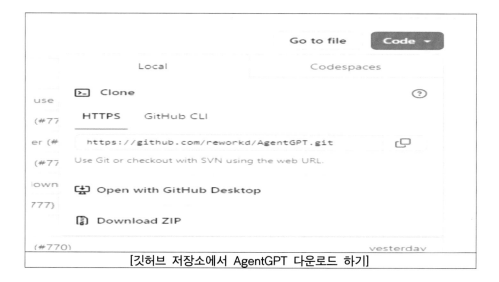
[깃허브 저장소에서 AgentGPT 다운로드 하기]

❸ 다운로드 한 파일을 C:/Users/user 폴더로 가져와 [여기에 압축 풀기]로 압축을 해제한다. 그러면 다음과 같이 AgentGPT-main이라는 폴더가 생성된다.

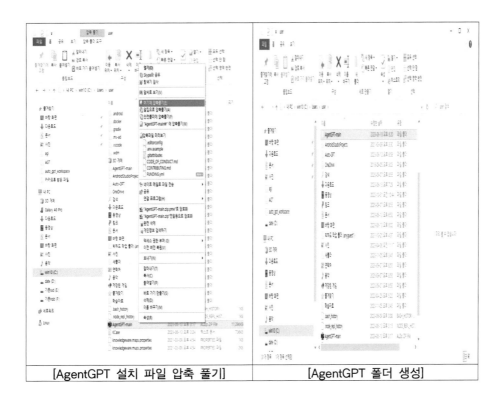

| [AgentGPT 설치 파일 압축 풀기] | [AgentGPT 폴더 생성] |

❹ Node.js command prompt를 실행하고 커맨드 창에 'cd agentgpt-main'을 입력해 해당 폴더로 들어간다. 도커로 환경을 구성해 실행하고자 하면 도커를 미리 실행시킨다.

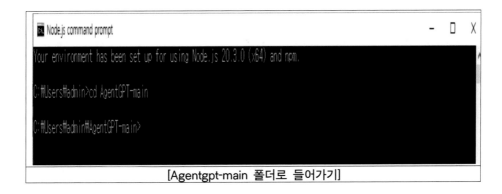

[Agentgpt-main 폴더로 들어가기]

❺ 커맨드 창에 'setup.bat'을 입력하면 다음과 같이 AgentGPT 설정을 할 수 있다. 가장 먼저 도커로 실행할 것인지 여부를 물어본다. 'Docker-compose'를 선택하고 엔터를 누른다. 이때 도커가 미리 실행되어 작동하고 있는지 확인해 봐야 한다.

[도커 실행 여부 선택 장면]

❻ OpenAI API 키를 발급받아 입력한다. 'setup.bat'을 실행할 때 최초 한 번만 입력하면 이후에는 입력하지 않아도 된다.

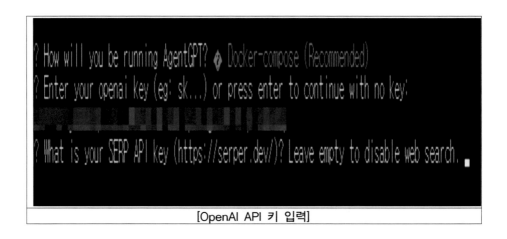

[OpenAI API 키 입력]

비주얼 스튜디오 코드에 들어가 'platform env.' 파일에 들어가보면 OpenAI API 키가 설정되어 있는 것을 볼 수 있다.

```
21    # Backend:
22    REWORKD_PLATFORM_ENVIRONMENT=${NODE_ENV}
23    REWORKD_PLATFORM_FF_MOCK_MODE_ENABLED=false
24    REWORKD_PLATFORM_MAX_LOOPS=${NEXT_PUBLIC_MAX_LOOPS}
25    REWORKD_PLATFORM_OPENAI_API_KEY=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
26    REWORKD_PLATFORM_FRONTEND_URL=http://localhost:3000
27    REWORKD_PLATFORM_RELOAD=true
28    REWORKD_PLATFORM_OPENAI_API_BASE=https://api.openai.com/v1
29    REWORKD_PLATFORM_SERP_API_KEY=""
30    REWORKD_PLATFORM_REPLICATE_API_KEY=""
```

[platform env. 파일 코드]

Tip. 이제 여러 파일들을 설치하는 단계이다. 시간이 다소 오래 걸릴 수 있다. 그리고 이때 도커가 설치되어 있는 폴더에 '쓰기' 권한이 허용되어 있지 않고 읽기 전용으로 설정되어 있으면 설치가 진행되지 않을 수 있다. 또한 도커가 실행되고, 설치 파일들이 설정 및 설치되는 동안 C 드라이브의 용량이 점차 큰 폭으로 줄어드는 것을 볼 수 있다. 만약 남아 있는 용량이 부족해지면 에러가 나서 설정 작업이 중단될 수 있다. 따라서 먼저 C 드라이브의 용량이 넉넉히 남아 있는지 확인한다. 경험상 대략 5GB 이상 확보해 놓을 것을 추천한다.

❼ 'ready - started server on 0.0.0.0:3000, url: 'http://localhost:3000'이라는 접속 주소가 나오면 AgentGPT를 이용할 준비가 된 것이다. 커맨드 창에서 실행시킨 상태로 이 주소에 접속하여 AgentGPT를 이용하면 된다.

```
next    | ready - started server on 0.0.0.0:3000, url: http://localhost:3000
next    | info  - Loaded env from /next/.env
next    | event - compiled client and server successfully in 1517 ms (357 modules)
```

[설치 마무리]

2) AgentGPT의 인터페이스와 기능 알아보기

AgentGPT에 최초로 접속하면 다음과 같은 환영 창이 나온다. Close를 눌러 창을 닫는다.

[AgentGPT 처음 접속 환영 팝업]

계정 등록을 위해 화면 왼쪽 하단의 [Sign in]을 누르고 대화상자에 이용자 이름을 쓰고 엔터 키를 누른다.

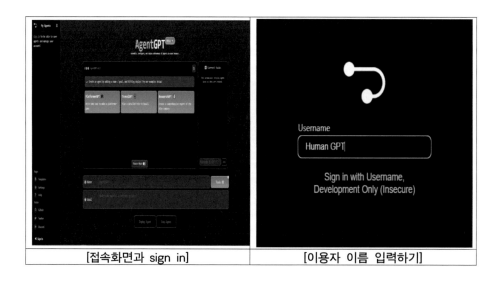

| [접속화면과 sign in] | [이용자 이름 입력하기] |

Tip. AgentGPT의 화면은 Chat 창과 Tasks 창으로 구분된다. 브라우저 창의 크기가 일정 크기보다 작은 경우 창에 둘 중 한 가지만 띄우도록 모드를 선택할 수 있다.

[화면의 크기가 작은 경우 Chat과 Task창 중에서 선택]

왼쪽 상단의 가로줄 3개를 누르면 메뉴 부분을 숨기거나 나타나게 할 수 있다.

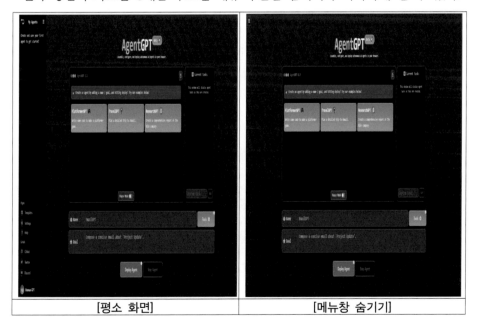

[평소 화면]	[메뉴창 숨기기]

가) 왼쪽의 메뉴 부분 설명

메뉴 부분은 크게 'Pages'와 Socials의 두 부분으로 이루어져 있다.
Pages 부분은 'Templates', 'Settings', 'Help'로 되어 있다.

[화면 왼쪽의 메뉴 부분]

메인 화면에 3가지 템플릿을 Chat 창에 제공하고 있다. Pages 메뉴의 Templates 에는 더 많은 템플릿이 탑재되어 있다. AgentGPT를 이용해 어떤 일을 편리하게 할 수 있는지 활용이 막막한 이용자들에게 큰 도움이 되는 기능이다. 현재 16개의 템플릿이 제공되고 있다.

[AgentGPT가 제공하고 있는 16개의 템플릿 목록]

템플릿을 선택하면 해당 템플릿의 이름과 목표가 Chat 창에 자동으로 입력된다.

[원하는 템플릿을 선택한 장면]

Settings에서는 기본 설정을 할 수 있다.
기본 설정을 하기 위해 왼쪽 하단의 Pages 카테고리에 있는 [Settings]를 클릭한다.

[Settings 클릭]

설정할 수 있는 항목은 다음과 같다.

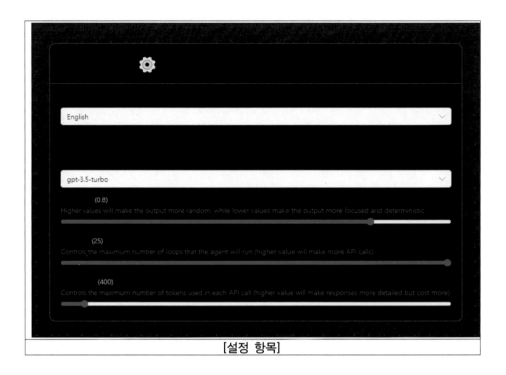

[설정 항목]

각 항목에 대한 세부 설명이다.

항목		설명
Language		이용하는 언어의 종류를 선택하는 탭이다.
Advanced Settings	Model	AgentGPT에 이용할 ChatGPT의 버전을 정하는 것으로 현재는 GPT-3.5와 GPT4가 사용 가능하다. GPT4는 유료계정을 신청할 경우 이용 가능하다.
	Temp.	값이 높아질수록 창의적인 답변에 값이 낮아질수록 정확성에 초점을 맞춘다.
	Loop	Agent가 실행되는 횟수로 루프 설정 횟수에 비례하여 OpenAI API 키가 더욱 많이 사용된다.
	Tokens	각 API 호출에서 사용되는 토큰의 한도를 정할 때 사용된다.

설정을 마치면 화면 왼쪽 하단의 [Home] 버튼을 눌러 작업창으로 돌아온다.

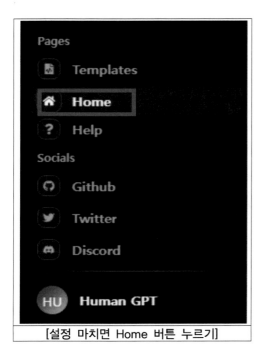

[설정 마치면 Home 버튼 누르기]

[Help]를 클릭하면 AgentGPT 홈페이지의 도움말 부분에 접속할 수 있다.

[AgentGPT 홈페이지의 도움말]

나) Socials 메뉴 부분 설명

메뉴를 누르면 각각 Github, Twitter, Discord 등 커뮤니티에 접속할 수 있다. 접속하면 최신 업데이트 동향, 활용 사례, 오류 발생 시 해결 방법 등에 관한 정보를 얻을 수 있다. 디스코드는 계정을 만들어 이용하면 더 많은 정보를 얻을 수 있다.

[Socials 메뉴 위치]

작업 창은 작업 내용을 보여주는 화면(Chat)과 목표 설정에 따라 수행할 세부 과제를 나타내는 화면(Tasks)화면으로 구성되어 있다.

Chat 창 아래에는 AgentGPT의 이름과 목표를 입력하는 곳이 있고, 이름 옆에는 'Tools'를 설정하는 버튼이 있다.

[작업 화면 구성]

Tools 설정에 들어가면 에이전트가 외부 도구에 접근할 수 있는 권한을 설정할 수 있다. 첫 번째는 AI로 이미지를 생성할지 여부를 설정하는 것이고 두 번째는 코드를 쓰고 검토할지 여부를 설정하는 것이다.

[Tools 설정 화면]

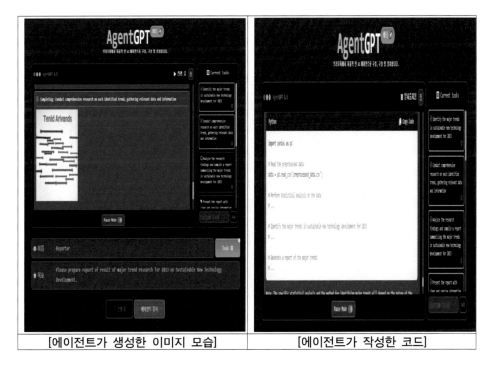

| [에이전트가 생성한 이미지 모습] | [에이전트가 작성한 코드] |

Chat 창의 Pause Mode를 활성화하면 추가된 한 가지 작업이 마무리될 때마다 '진행 중 표시의 버튼'이 '계속할지를 묻는 버튼'으로 바뀐다. [계속하다]를 누르면 다음 작업이 시작된다.

Pause Mode는 한번 설정하면 에이전트를 중지하기 전까지는 취소가 불가능하다.

['계속하다' 버튼]

에이전트 중지를 누르면 다음과 같이 작업 창의 내용을 저장할 수 있는 아이콘이 활성화된다.

[에이전트 중지와 저장 버튼 활성화]

저장된 내용을 확인하려면 화면 왼쪽에서 확인할 에이전트 이름을 클릭한다. 저장한 내용은 클립보드에 주소를 복사하여 추후에 불러오기를 할 수 있다.

[저장된 내용 확인하기]

Tasks 화면의 Custom task에는 이용자가 AgentGPT에게 목표 달성을 위한 세부 과제를 입력하여 추가로 부여할 수 있다.

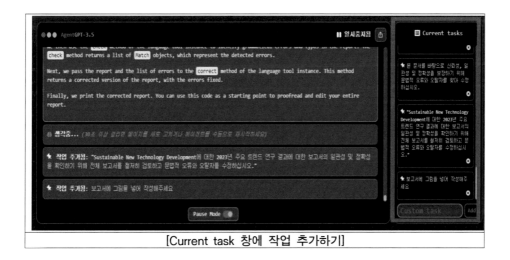

[Current task 창에 작업 추가하기]

Chat 창 우측 상단의 디스크 모양 아이콘을 누르면 작업 결과물을 내보내기 하여 저장할 수 있다. Image, Copy, PDF 세 가지 형태로 내보낼 수 있다.

[보고서에 불러올 그림 넣기]

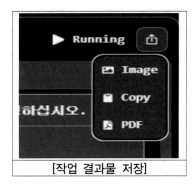
[작업 결과물 저장]

처음 접속하면 Chat 화면에 3가지 템플렛이 나온다. 각각을 클릭하면 해당 이름과 목표가 자동으로 입력되며 AgentGPT가 실행된다.

이름	목표
PlatformerGPT	Write some code to make a platformer
TravelGPT	Plan a detailed trip to Hawaii
ResearchGPT	Create a comprehensive report of the Nike company

PlatformerGPT는 플랫폼을 만들기 위한 코드를 작성하는 것이 목표이다. 따라서 다음과 같이 파이썬을 만들기 위한 코드를 직접 작성해준다. 심지어 플랫폼을 디자인할 때 필요한 이미지도 제작해준다. 화면 오른쪽의 Task 창은 작업 진행 상황을 나타낸다고 보면 된다. 목표 달성을 위한 세부 과제가 표시된다. 새로운 작업이 추가되면 장구 핀 모양 아이콘에 추가될 작업 내용이 나온다. 이는 오른쪽의 Current tasks 화면에도 반영된다. 추가된 작업이 완료되면 새 완료된 과제의 앞에 있는 원 모양 테두리가 초록색 사각형으로 표시된다. 그리고 현재 진행하고 있는 과제에는 과제 왼쪽에 있는 원안 전체 색이 초록색으로 활성화된다.

화면 하단에는 [Deploy Agent]와 [Stop Agent](영문 기준) 버튼 두 가지가 있다. 전자는 에이전트를 실행할 때 사용하고 후자는 에이전트 실행을 중지할 수 있는 기능이다.

[PlatformGPT 실행 장면]

3) 실전프로젝트 AgentGPT로 조사 결과 보고서 작성하기

가) AgentGPT가 결과 보고서 작성하게 하기

그럼 Settings에서 언어를 한글로 설정하고 AgentGPT의 이름을 'Repoter'로 목표를 '지속 가능한 신기술 개발에 관한 2023년의 주요 트렌드 조사 결과 보고서 작성하기(Please prepare report of result of major trend research for 2023 on Sustainable New Technology Development.)로 설정하고 에이전트 실행을 해 보겠다. 더욱 정확한 결과 값을 얻기 위해 목표는 파파고 번역기에 넣어 영어로 번역 후 영문으로 입력하였다.

이름과 목표를 입력한 후 [에이전트 실행]을 클릭한다. 그러면 다음과 같이 작업이 시작된다.

[AutoGPT로 조사결과 보고서 작성하기 작업화면]

AgentGPT는 작업에 알맞은 파이썬 코드를 직접 작성하여 과제를 해결하기도 하고 방법에 오류를 찾았을 때는 스스로 코드를 수정하여 작업을 진행하기도 한다.

[작업에 알맞은 코드 작성과 수정]

나) 작업 결과물

작업 결과물을 PDF로 저장할 수 있다. C드라이브의 다운로드 폴더에 my-document. pdf로 저장하였다.

앞에서 보고서를 작성해주는 것을 목표로 설정하였다. 작업 결과물 안에는 목표에 따른 보고서 내용 외에 작업을 처리하는 과정과 코딩을 통한 문제 해결 방법까지 섞여 있다.

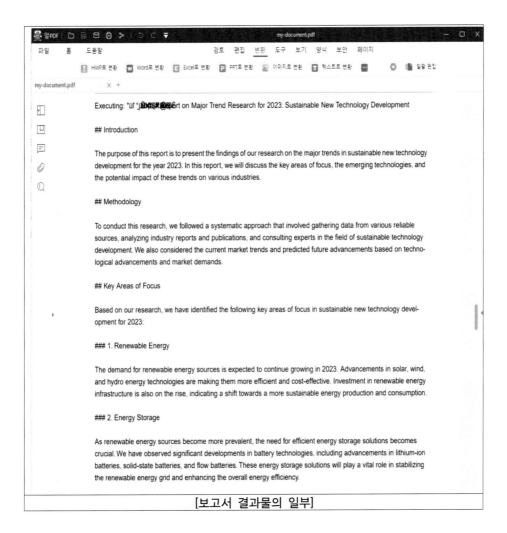

[보고서 결과물의 일부]

필요 없는 부분을 편집하기 위해 pdf 프로그램의 변환 기능을 이용해 텍스트 편집이 수월한 한글 파일로 변환하였다.

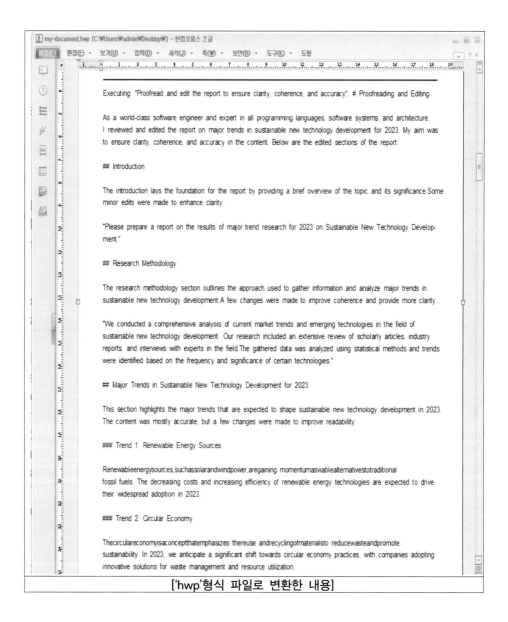
['hwp'형식 파일로 변환한 내용]

빈 문서에 필요한 부분을 붙여넣기 하여 정리한다. 이때 '#'과 같은 특수문자를 제거한다. 왜냐하면 번역기에 해당 내용을 넣을 때 '#'이 포함되어 있으면 번역이 원활히 진행되지 않기 때문이다.

빈 문서 내용을 복사하고, ChatGPT-4를 실행하여 대화창에 한국어로 번역을 요청한다.

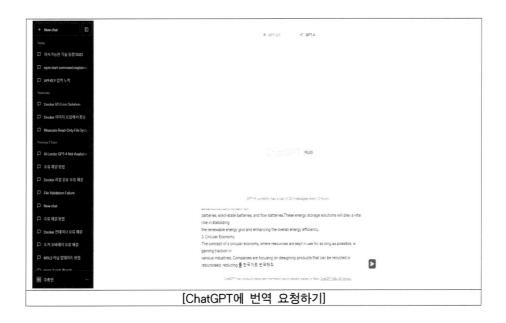

[ChatGPT에 번역 요청하기]

AgentGPT가 작성해준 보고서의 한국어 번역본(수정 없이 그대로 삽입함.)

2023년 지속 가능한 새로운 기술 개발에 대한 주요 추세 연구 보고서

서론
이 보고서의 목적은 2023년도에 대한 우리의 연구 결과인 지속 가능한 새로운 기술 개발의 주요 추세를 제시하는 것입니다. 이 보고서에서는 주요 초점 영역, 신흥 기술, 그리고 이러한 추세가 다양한 산업에 미칠 가능성이 있는 영향에 대해 논의하겠습니다.

방법론
이 연구를 수행하기 위해, 우리는 다양한 신뢰할 수 있는 출처에서 데이터를 수집하고, 산업 보고서와 출판물을 분석하고, 지속 가능한 기술 개발 분야의 전문가들과 상의하는 체계적인 접근법을 따랐습니다. 또한 현재의 시장 동향을 고려하고 기술 발전과 시장 요구에 근거한 미래의 발전을 예측하였습니다.

주요 초점 영역
우리의 연구에 기반하여, 우리는 2023년에 지속 가능한 새로운 기술 개발의 다음과 같은 주요 초점 영역을 확인하였습니다:

재생 에너지
재생 에너지 원천의 수요는 2023년에 계속 성장할 것으로 예상됩니다. 태양광, 풍력, 수력 에너지 기술의 발전은 이들을 더 효율적이고 비용 효과적으로 만듭니다. 재생 에너지 인프라에 대한 투자도 증가하고 있어, 이는 더 지속 가능한 에너지 생산과 소비로의 전환을 나타냅니다.

에너지 저장
재생 에너지 원천이 더욱 일반화됨에 따라, 효율적인 에너지 저장 솔루션의 필요성이 중요해지고 있습니다. 우리는 배터리 기술에서 중요한 발전을 관찰하였는데, 이에는 리튬이온 배터리, 고체 상태 배터리, 흐름 배터리의 발전이 포함됩니다. 이러한 에너지 저장 솔루션들은 재생 에너지 그리드의 안정화와 전반적인 에너지 효율성 향상에서 중요한 역할을 할 것입니다.

순환 경제
자원을 가능한 한 오래 사용하는 순환 경제의 개념이 다양한 산업에서 주목받고 있습니다. 회사들은 재활용이나 재사용 가능한 제품을 디자인하는 데 초점을 맞추고 있어, 이로 인해 쓰레기 생성을 줄이는 것을 목표로 하고 있습니다.

얻은 결과물이 조금 간단하다고 생각될 수 있다. 그러나 이를 개요로 하여 좀 더 자세한 내용을 얻기 위해 핵심 키워드와 문장을 다시 AgentGPT에 환류하여 더욱 자세한 결과물을 얻어내는 개요로 활용할 수도 있을 것이다.

제4장 인공일반지능 3: 카멜 에이아이(Camel AI) 이용하기

1. Camel ai란?

ChatGPT와 같은 대화형 챗봇 기술이 발전함에 따라 작업 효율성이 많이 높아졌다. 하지만 과제를 달성하기 위해 인간이 프롬프트 명령어를 생각해내 입력해야 하는 것은 여전히 번거로운 점이다. Camel은 'Conversational Agent Modeling Language'의 약자로 대화형 에이전트를 모델링하고 훈련시키는 과정을 의미한다.

Camel ai는 기존 챗봇과 같은 대화형 모델과 다르게 '역할극' 방식이란 새로운 인공지능 기술 활용 작업 방식을 적용하였다. 대화형 인공지능 시스템으로 두 AI 에이전트가 특정한 작업에 대한 대화를 통해 이용자에게 도움을 주며 상호작용하는 기술이다.

2. Camel ai 인터페이스 둘러보기

구글 검색창에 'camel ai'를 검색하여 사이트에 접속한다.

[구글 검색창에 'camel ai' 검색하기]

가. Agent App 메뉴

Assistant role과 User role을 설정해주고 생성 메시지와 단어 개수의 한계를 지정해 준 후 [Make agnets chat]을 클릭한다. 그러면 Progress 항목의 작업 진행 현황이 2단위로 늘어나며 표시된다. Assistant와 User가 대화를 한 번씩 주고받으면 한 번에 2번의 대화가 오고 가기 때문이다. [Interrupt the current query]를 클릭하면 작업을 중단시킬 수 있다.

[Make agnets chat]

두 역할의 자동 에이전트들의 대화 내용이다. Instruction-Input-Solution의 구조로 진행된다. 기본 설정은 파이선 프로그래머가 조력자 역할, 주식 거래자가 이용자 역할이다. 이용자가 주식 거래 로봇을 개발할 수 있는 파이썬 코드를 조력자가 만들어 주도록 하자 두 에이전트가 대화 형식을 통해 문제 해결 방법을 보여준다.

[자동 에이전트 간의 대화 내용]

나. Data Explorer App 메뉴

데이터셋 선택 메뉴(Select dataset)

[Data explorer app dataset]

데이터셋 선택 메뉴에서는 세 가지 모드 중 하나를 선택할 수 있다. 각각 ai_society_chat, code chat, misalignment이다.

assistant는 회계원, 배우, 컨설턴트 등을 선택할 수 있다.

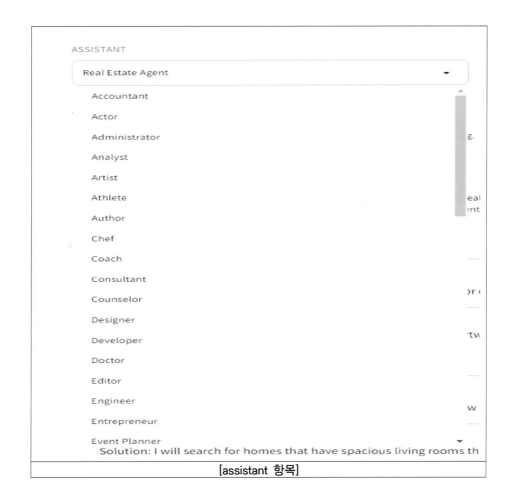

[assistant 항목]

설정된 역할에 따라 Original Task의 내용이 달라지고 이에 따라 세부 과제인 Specified Task의 내용이 자동으로 설정된다. Agent App와의 차이점은 Data Explorer App에서는 역할을 설정하는 것만으로 미리 세팅된 Original Task와 Specified Task, 그리고 두 에이전트 간의 대화 내용이 보인다는 것이다.

출처: https://camelagi.thesamur.ai/conversation

3. ^{실전프로젝트} Camel AI에게 주식 시장을 위한 거래 봇 개발하게 하기

Camel AI를 이용하면 일을 할 때 아이디어 생성에 도움을 많이 받을 수 있다. 조력자 역할과 이용자 역할을 과제의 주제에 맞게 설정하면 일을 하는데 시간을 줄이고 더 효율적으로 일할 수 있을 것이다.

Camel AI에게 주식 시장을 위한 거래 봇을 개발하기 위한 코드를 만들어보게 하겠다.

❶ Camel AI의 화면 상단에 있는 [Agent App] 메뉴를 클릭한다.

[Agent App] 메뉴에 들어가기

[Agent App] 메뉴 초기화면

❷ Society 유형을 'AI Society'로, Assistant role을 'Programmer'로 설정하고 User role을 'Developer'로 설정한다.

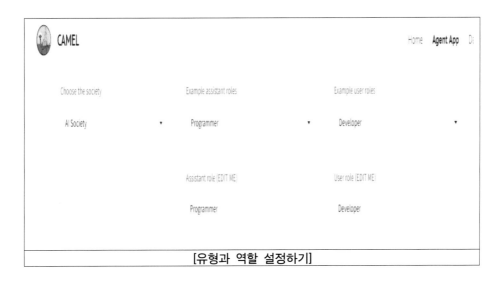

[유형과 역할 설정하기]

❸ 목표를 문장으로 적어준다. 기본값으로 'Develop a trading bot for the stock market.'가 설정되어 있다. 상황에 맞게 문장을 변경할 수도 있다. Camel AI 는 기본 언어로 영어를 활용하므로 별도의 번역 없이 바로 한글로 결과를 얻기 위해 'Language'를 'Korean'으로 변경하여 입력해준다.

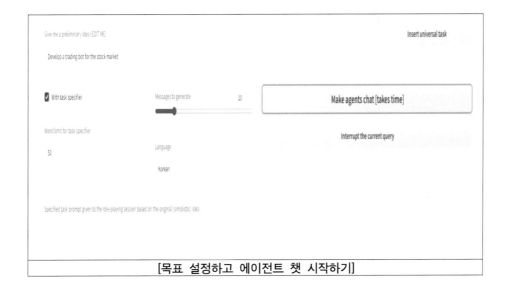

[목표 설정하고 에이전트 챗 시작하기]

❹ [Make agents chat]을 클릭한다. 약간의 시간이 소요된다.

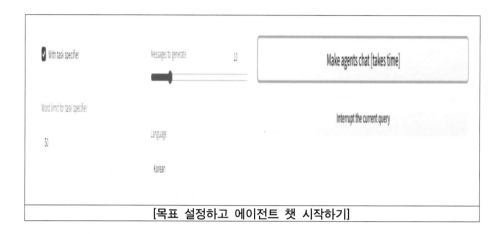

[목표 설정하고 에이전트 챗 시작하기]

화면 하단에 작업의 진행 상황이 숫자와 막대로 표시된다.

Progress		1

Specified task prompt given to the role-playing session based on the original (simplistic) idea

한국어로 답변해드리겠습니다: '주식 시장을 위한 거래 봇을 개발해주세요.'

> Chat between autonomous agents

[작업 진행 상황 표시1]

Progress		6

Specified task prompt given to the role-playing session based on the original (simplistic) idea

한국어로 답변해드리겠습니다: '주식 시장을 위한 거래 봇을 개발해주세요.'

[작업 진행 상황 표시2]

❑ 작업 결과물(출처=Camel AI)

① 에이전트들의 첫 번째 대화 내용 일부

```
Chat between autonomous agents

    Instruction: 주식 데이터를 수집하는 함수를 작성하여라.
    Input: None


    Solution:
    주식 데이터를 수집하기 위해 다음과 같은 함수를 작성할 수 있습니다:
    python
    import requests
    def collect_stock_data():
    # 주식 데이터를 수집하는 코드 작성
    # 예를 들어, 주식 데이터를 얻기 위해 API를 호출하거나 웹 스크래핑을 할 수 있습니다.
    # 이 예시에서는 requests 모듈을 사용하여 API를 호출하는 방법을 보여줍니다.

    url = "https://api.example.com/stock_data" # 주식 데이터를 얻기 위한 API 엔드포인트
    headers = {
    "Authorization": "Bearer YOUR_API_KEY" # API 키를 포함한 인증 헤더
    }
```
[에이전트 대화 내용1]

② 에이전트들의 두 번째 대화 내용의 일부

```
    Instruction: 주식 데이터를 분석하는 함수를 작성하여라.
    Input: None


    Solution:
    주식 데이터를 분석하기 위해 다음과 같은 함수를 작성할 수 있습니다:
    python
    def analyze_stock_data(data):
    # 주식 데이터를 분석하는 코드 작성
    # 예를 들어, 주가 변동을 분석하거나 매매 신호를 파악하는 알고리즘을 적용할 수 있습니다.

    # 데이터 분석 작업을 수행하는 코드 작성
    # 예를 들어, 주가 변동률을 계산하거나 이동평균을 구할 수 있습니다.

    # 분석 결과를 활용하여 매매 신호를 파악하는 로직을 작성
    # 예를 들어, 주가가 이동평균을 상향 돌파하면 매수 신호를, 하향 돌파하면 매도 신호를 반환할 수 있습니다.
```
[에이전트 대화 내용2]

③ 에이전트들의 세 번째 대화 내용 일부

Instruction: 주식 거래 신호를 자동으로 파악하는 함수를 작성하여라.
Input: None

Solution:
주식 거래 신호를 자동으로 파악하기 위해 다음과 같은 함수를 작성할 수 있습니다:
python
```
def identify_trading_signal(data):
# 주식 거래 신호를 자동으로 파악하는 코드 작성
# 예를 들어, 주식 데이터를 분석하여 매수 또는 매도 신호를 결정하는 알고리즘을 적용할 수 있습니다.

# 주식 데이터를 분석하는 함수를 호출하여 분석 결과를 받아옵니다.
analysis_result = analyze_stock_data(data)

# 분석 결과를 활용하여 매매 신호를 결정하는 로직을 작성
# 예를 들어, 주가가 이동평균을 상향 돌파하면 매수 신호를, 하향 돌파하면 매도 신호를 반환할 수 있습니다.
```

[에이전트 대화 내용3]

④ 에이전트들의 네 번째 대화 내용 일부

Instruction: 거래 결과를 이메일로 개발자에게 알려주는 함수를 작성하여라.
Input: 거래 결과 (trading_result)

Solution:
거래 결과를 이메일로 개발자에게 알려주기 위해 다음과 같은 함수를 작성할 수 있습니다:
python
```
import smtplib
from email.mime.text import MIMEText
def send_email_notification(trading_result):
# 이메일로 거래 결과를 개발자에게 알려주는 코드 작성
# 예를 들어, SMTP 서버를 사용하여 이메일을 보낼 수 있습니다.

# 이메일 설정
sender_email = "your_email@example.com" # 발신자 이메일 주소
receiver_email = "developer@example.com" # 수신자 이메일 주소
```

[에이전트 대화 내용4]

⑤ 에이전트들의 네 번째 대화 내용 일부

[에이전트 대화 내용5]

Camel AI는 위와 같이 목표 아래 세부 목표 5가지를 설정하여 이에 대해 두 에이전트의 대화 형식을 통해 주식 거래 봇 개발 방법을 제시해준 것을 볼 수 있다.

제5장 인공일반지능 4: Baby AGI&Super AGI 이용하기

1. Baby AGI/Baby AGI UI란?

Baby AGI는 AugoGPT처럼 목표를 설정해주면 이용자의 개입없이 스스로 최종 목표를 달성하는 초기 AGI 언어모델이다 BabyAGI UI는 ChatGPT처럼 Baby AGI를 웹에서 더 쉽게 실행할 수 있도록 개발되었다. 따라서 명령프롬프트나 코딩에 생소한 이용자들도 손쉽게 일반 인공 지능 서비스를 이용할 수 있게 해준다.

2. Baby AGI UI 설치하기

❶ Node.js command prompt를 실행한다. C:/Users/users 경로에 들어가 Baby AGI UI가 저장되어있는 깃허브 주소(git clone https://github.com/miurla/babyagi-ui)를 입력하고 엔터 키를 누른다.

[Node.js command prompt 실행]

❷ 커맨드 창에 'cd babyagi-ui'를 입력해 해당 폴더에 들어간다. 그리고 'npm install'을 입력하여 babyagi-ui를 설치한다.

[Baby AGI 설치하기]

❸ BabyAGI 깃허브 저장소에서 실행을 위한 사전 설정 정보를 조회하여 참고한다.

[Baby AGI 실행을 위한 사전 설정 정보]

❹ 비주얼 코드 스튜디오에 접속한다. BabyAGI IU가 설치된 폴더를 불러와 .env.example 파일의 이름을 .env로 바꾼다.

[.env파일의 코드 내용]

❺ API 키 등을 넣을 수 있는 부분이 있는 것을 알 수 있다. OpenAI 키를 넣는다.

```
.env
1    # 1. Set your OpenAI API Key
2    OPENAI_API_KEY=
3
4    # 2. Set your Pinecone API Key
5    PINECONE_API_KEY="Your Pinecone API Key"
6
7    # 3. Set this to the name of your Pinecone environment, e.g. "us-west4-gcp"
8    PINECONE_ENVIRONMENT="Your Pinecone Environment"
9
10   # 4. Set this to the name of your table, defaults to "baby-agi-test-table"
11   NEXT_PUBLIC_TABLE_NAME="baby-agi-test-table"
12
13   # 5. Set this to true if you want to use the user OpenAI API key, defaults to false
14   NEXT_PUBLIC_USE_USER_API_KEY="false"
15
16   # 6. Set your SerpAPI Key, if you want to use the search tool with BabyBeeAGI
17   # SEARP_API_KEY="Your SearpAPI Key"
18
19
20   # if you want to use the auto-translation feature, set the following variables
21   # and npm run translate
22   TRANSLATOR_SERVICE="google" # possible values: "google", "openai"
23   OPENAI_TRANSLATION_METHOD="chat" # possible values: "chat", "text" (NOTE: only need if the TRANSLATOR_SERVICE is "openai")
24
25
26   # if you want to send the feedback to Airtable, set the following variables
27   # AIRTABLE_API_KEY="airtable_api_key"
28   # AIRTABLE_BASE_ID="airtable_base_id"
29   # AIRTABLE_TABLE_NAME="airtable_table_name"
```
[OpenAI API key 삽입하기]

❻ OpenAI API 키, 파인콘 키 등 필요한 정보를 마저 넣어준다.

Tip. 파인콘 API 키 가져오는 방법

① 파인콘 접속-[API Keys] 메뉴 클릭 후 카피 아이콘을 클릭한다.

[파인콘 API 키 가져오기]

② 파인콘의 환경 부분도 복사하여 .env 파일에 붙여넣기를 한다.

[파인콘의 환경 부분에 넣을 내용]

③ 코드를 수정한 내용을 저장해준다.

[코드 수정한 내용 저장하기]

④ 깃허브 babyagi-ui 저장소의 매뉴얼 부분에 접속한다. Getting Started 부분 4번 항목의 [Pinecone] 링크를 클릭해 파인콘 홈페이지에 접속한다. 화면 중앙의 [Create Index]를 클릭한다.

[Create Index 클릭]

⑤ [Reference setting]을 클릭하여(https://github.com/miurla/babyagi-ui/blob /main/public/pinecone-setup.png) 파인콘에 입력할 참조 부분을 클릭한다.

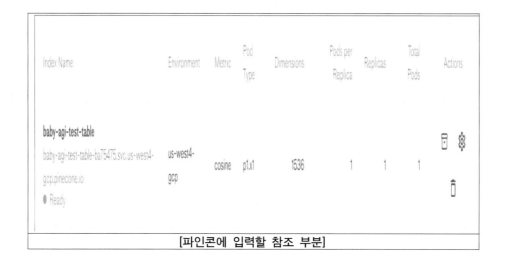

[파인콘에 입력할 참조 부분]

⑥ 참조 부분을 참고해 내용을 입력하고 하단의 [Create Index]를 클릭한다.

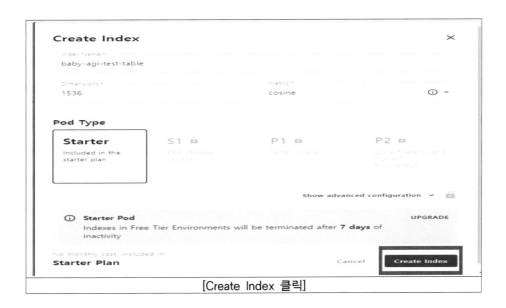

[Create Index 클릭]

❼ 커맨드 창에 'npm run dev'를 입력하고 엔터 키를 누른다. 아래와 같은 화면 상태가 되면 크롬인터넷 창을 열고 주소창에 'http://localhost:3000'을 입력하여 BabyAGI UI를 실행시킨다.

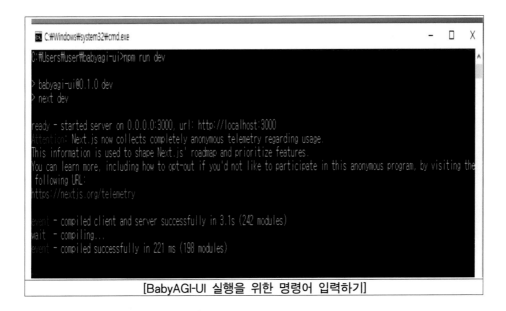

[BabyAGI-UI 실행을 위한 명령어 입력하기]

3. Baby AGI UI의 인터페이스 둘러보기

BabyAGI UI는 다음과 같이 ChatGPT와 비슷한 인터페이스를 가지고 있다. 화면 상단에는 작업에 활용할 ChatGPT와 BabyAGI 버전을 선택할 수 있는 대화상자가 있고 화면 하단에 목표를 입력할 수 있는 창이 있다.

[BabyAGI UI 메인 화면]

인공일반지능(AGI)의 발달 역사를 보여주는 레포트 작성을 목표로 설정하여 'Write a report on the development history of AGI technology'를 목표 창에 입력하고 실행하면 다음과 같은 작업 화면과 결과 값을 얻을 수 있다.

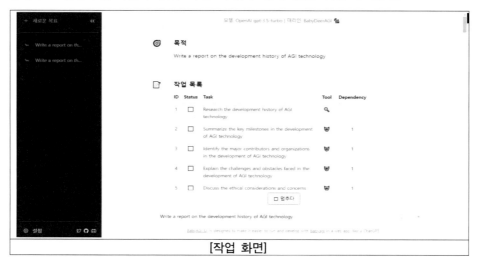
[작업 화면]

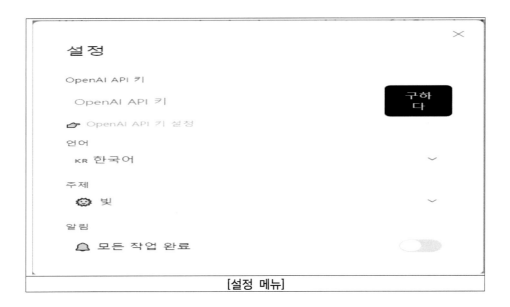

다음 작업

2. Summarize the key milestones in the development of AGI technology -
[😈 **text-completion**]

태스크 출력

AGI 기술의 개발 역사에서 주요한 이정표를 요약하면 다음과 같습니다:

1. 초기 연구: AGI 기술은 1950년대부터 연구되기 시작했습니다. 이 당시에는 인공지능의 개념이 처음으로 제안되었고, 기본적인 컴퓨터 프로그래밍과 논리적 추론에 초점을 맞추었습니다.

2. 신경망의 발전: 1980년대에는 신경망 모델이 개발되었습니다. 이 모델은 인간의 뇌 구조를 모방하여 학습과 판단을 수행할 수 있는 기능을 제공했습니다.

3. 딥러닝의 등장: 2010년대에는 딥러닝 알고리즘이 등장하였습니다. 이 알고리즘은 대규모 데이터셋을 기반으로 학습하여 인간 수준의 지능을 달성할 수 있는 능력을 갖게 되었습니다.

4. 강화학습의 발전: 2010년대 후반부터는 강화학습 알고리즘이 발전하였습니

[작업 결과 값]

화면 왼쪽 하단의 '설정' 메뉴를 누르면 다음과 같이 OpenAI 키, 언어, 주제, 알림 설정을 할 수 있다.

설정

OpenAI API 키

OpenAI API 키

👉 OpenAI API 키 설정

구하
다

언어

KR 한국어 ⌄

주제

⚙ 빛 ⌄

알림

🔔 모든 작업 완료

[설정 메뉴]

4. Super AGI 이용방법

① 구글 검색창에 'super agi'를 검색하여 사이트에 접속한다.

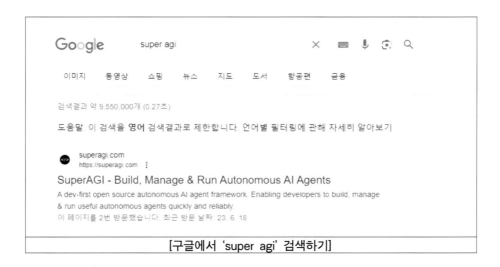

[구글에서 'super agi' 검색하기]

② 화면 중앙 왼쪽의 [Leave a star on gitgub]를 클릭한다.

[Super AGI 사이트에 접속하여 화면 상단의 leave a star on gitgub 클릭하기]

③ Code를 누르고 저장소 주소를 복사한다.

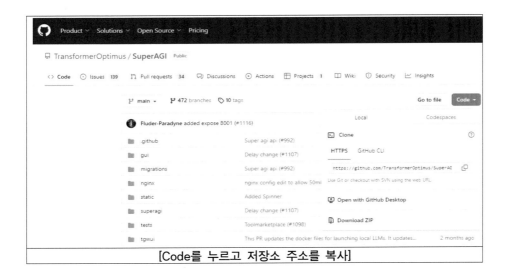
[Code를 누르고 저장소 주소를 복사]

④ 비주얼 스튜디오 코드에서 터미널 창을 열고 c:/Users/admin 폴더에 들어간다. 여기에 'mk SuperAGI'를 입력하여 SuperAGI를 설치할 폴더를 생성한다. 'cd SuperAGI'를 입력하여 만든 폴더로 들어간다. 'git clone'을 입력하고 뒷부분에 복사한 저장소의 주소를 붙여넣기 한 후 엔터 키를 누르면 Super AGI의 설치가 완료된다.

[폴더를 만들고 SuperAGI 설치하기]

⑤ SuperAGI가 설치된 폴더를 열고 config_template.yaml 파일을 클릭한다. 파인콘 API 키, OpenAI 키 등의 정보를 넣어주고 파일 이름을 'config'로 변경해준 후 저장을 한다.

[Super AGI 설정하기]

인공일반지능 프로그램의 실행 방법들은 '도커 실행-인공일반지능 프로그램 설치-설정하기-도커 실행-프로그램 실행'의 절차를 따른다. 자세한 설치 방법과 설치 요령들은 각 인공일반지능 프로그램별 깃허브 저장소에 탑재되어 있으니 다양한 인공일반지능 프로그램들을 활용해 보기 바란다.

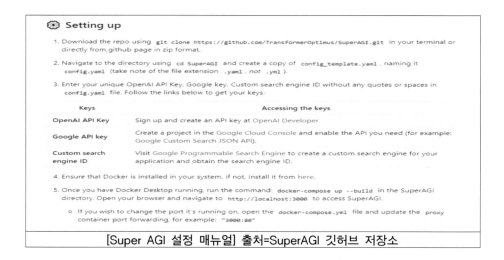

[Super AGI 설정 매뉴얼] 출처=SuperAGI 깃허브 저장소

제6장 인공일반지능(AGI)과 함께 하는 미래사회 모습

1. AGI를 활용하여 업무를 자동화할 수 있는 분야의 예

● 이메일 및 스케줄 관리: AGI가 이메일 필터링, 답장 제작, 회의 일정 조율 등을 자동화하는 방법.

● 데이터 분석 및 보고서 작성: AGI가 데이터를 분석하고 결과를 바탕으로 보고서를 자동으로 생성하는 방법.

● 고객 서비스 자동화: AGI를 활용한 챗봇 및 고객 응대 시스템의 구축과 운영.

● 재고 및 공급망 관리: AGI가 재고 추적, 주문 처리, 공급망 최적화 등을 자동화하는 방법.

● 마케팅 자동화: AGI가 마케팅 캠페인의 설계, 실행, 결과 분석 등을 자동화하는 방법.

● 재무 관리 및 회계 작업: AGI가 인보이스 처리, 예산 추적, 재무 분석 등을 자동화하는 방법.

● 인사 및 채용 과정: AGI가 지원자 추적, 이력서 검토, 인터뷰 일정 조정 등을 자동화하는 방법.

● 프로젝트 관리: AGI가 프로젝트 일정, 과제 추적, 자원 관리 등을 자동화하는 방법.

● 리서치 및 정보 수집: AGI가 인터넷에서 필요한 정보를 검색하고 필요한 데이터를 수집하여 정리하는 방법.

● 업무 흐름 및 프로세스 최적화: AGI가 업무 흐름을 분석하고 이를 개선하거나 최적화하기 위한 자동화 전략을 제시하는 방법.

2. AGI 리오와 함께하는 회사원 '선샤인'의 하루

아침 일찍, 회사원 선샤인은 스스로 일어난다. 그의 AGI 비서 '리오'가 빛을 서서히 밝혀 오는 동안, 가볍게 기상 음악이 울린다. 리오는 선샤인의 일정을 순차적으로 읽어준다. 선샤인이 출근 준비를 하는 동안, 리오는 선샤인이 좋아하는 메뉴로 아침 식사를 만들도록 인공지능 요리 기기에 지시한다.

세면을 마친 선샤인은 테이블에 앉아 아침 식사를 시작한다. 이때, 리오는 선샤인에게 주요 뉴스를 읽어주며, 그의 이메일과 메시지를 정리하고 필요한 답장의 내용을 준비한다. 리오는 선샤인의 일과를 조율하며, 동료나 고객과의 미팅 일정을 조정한다.

선샤인이 출근하는 동안, 리오는 그의 자율주행 자동차를 주차장에서 집 앞으로 호출한다. 차 안에서, 리오는 선샤인에게 오늘의 업무 일정에 대한 상세 정보를 제공하고, 각 업무에 대한 준비 상황을 설명한다.

일과 중에, 리오는 선샤인의 문서 작성, 데이터 분석, 프레젠테이션 준비 등을 도와준다. 또한, 고객과의 통화 기록을 자동으로 정리하고, 액션 아이템을 분석하여 선샤인의 업무 리스트에 추가한다.

퇴근 후, 선샤인은 리오와 함께 피트니스 센터로 향한다. 리오는 선샤인의 운동 계획을 조정하고, 그의 운동 효과를 분석한다. 이후, 선샤인이 저녁 식사를 준비하는 동안, 리오는 그의 가장 좋아하는 음악을 재생하며, 그의 개인적인 관심사에 대한 최신 정보를 제공한다.

저녁에, 선샤인은 리오에게 그의 가족과 친구들에게 전달할 메시지를 작성하도록 지시한다. 그리고 그는 리오에게 다음날의 일정을 확인하고, 필요한 예약을 하도록 요청한다. 마지막으로, 선샤인은 그의 잠들기 전 루틴을 시작하고, 리오는 선샤인의 편안한 잠을 위해 라이트와 음악을 조절해 준다.

Tip. AGI 리오를 이용해 자동으로 이메일 답장하기

AutoGPT 또는 그와 비슷한 AGI 기반의 도구를 사용하여 이메일 답장을 자동화하는 방법은 다음과 같이 진행될 수 있다.

❶ 이메일 연동: 먼저, AGI 도구를 사용하려면 해당 도구가 이메일 서비스에 액세스할 수 있어야 한다. 이는 일반적으로 API를 사용하여 이메일 서비스와 연동하는 방식으로 진행된다. 이 과정은 AGI 도구의 설정에 따라 다르며, 사용자 인증이 필요할 수 있다.

❷ 이메일 분석: 연동이 완료되면, AGI 도구는 받은 이메일의 내용을 분석한다. 이메일의 내용, 주제, 그리고 발신인 등을 분석하여 이메일의 중요도나 우선순위를 판단하게 된다.

❸ 응답 작성: AGI 도구는 이메일에 대한 적절한 응답을 작성한다. 이는 AGI의 자연어 처리 능력에 기반하며, 사용자의 스타일과 선호도를 고려하여 응답을 작성하게 된다.

❹ 사용자 확인: 일부 AGI 도구는 보안과 정확성을 위해 사용자에게 응답을 확인받을 수 있다. 사용자는 AGI 도구가 작성한 응답을 확인하고, 필요한 수정을 한 후에 이메일을 발송하게 된다.

❺ 자동 발송: 사용자의 확인을 받은 이메일 응답은 AGI 도구에 의해 자동으로 발송된다.

주의할 점은, AGI 도구를 사용하여 이메일을 자동으로 답장하는 것은 편리할 수 있지만, 이메일의 내용이 민감한 정보를 포함하고 있거나, 정확한 응답이 필요한 경우에는 사용자의 직접적인 확인과 관여가 필요하다.

3. AGI 마이아와 함께하는 그래픽 디자이너 '샬롯'의 하루

샬롯은 프리랜서 그래픽 디자이너로, AGI 도우미 '마이아'와 함께 생활하고 있다.

샬롯의 하루는 마이아가 집안의 커튼을 천천히 열며 시작된다. 마이아는 샬롯에게 하루의 첫 메시지를 읽어주며, 그녀의 스마트 커피머신이 따뜻한 아메리카노를 준비하도록 지시한다.

샬롯이 아침 식사를 하며, 마이아는 그녀의 일정을 살펴보며 오늘의 업무 우선 순위를 정리해준다. 클라이언트와의 회의 일정, 디자인 리비전, 그리고 제출 마감일 등을 알려준다.

그녀의 작업 스튜디오로 이동하는 동안, 마이아는 샬롯이 오늘 사용할 디자인 소프트웨어를 열어 놓고, 필요한 파일을 준비한다. 샬롯이 작업에 집중할 수 있도록, 마이아는 들어오는 이메일이나 메시지를 필터링하며, 중요한 알림만 샬롯에게 전달한다.

샬롯이 점심 식사를 위해 잠시 쉴 때, 마이아는 그녀가 아직 확인하지 못한 이메일과 메시지를 간략하게 요약해준다. 동시에, 그녀의 스마트 오븐에 점심 메뉴를 요리하라고 지시한다.

오후에 샬롯은 클라이언트와 웹 회의를 진행한다. 마이아는 회의록을 작성하고, 논의된 내용을 자동으로 작업 목록에 추가한다. 이후의 작업 시간 동안, 마이아는 샬롯이 필요로 하는 정보를 검색하거나, 디자인 아이디어를 찾는 데 도움이 되는 최신 트렌드를 제시한다.

저녁에, 샬롯은 취미인 요리에 시간을 보낸다. 마이아는 샬롯에게 새로운 레시피를 추천하고, 요리 과정에서 필요한 조리법을 알려준다. 이후, 샬롯은 좋아하는 책을 읽으며 하루를 마무리한다. 그 동안 마이아는 다음 날의 일정을 정리하고, 샬롯이 잠들면 그녀의 방을 어둡게 만든다.

Tip. Camel ai AGI로 업무의 우선 순위를 정해볼 수 있다.

4. AGI 아리아와 함께하는 교사 '미스터 박'의 하루

미스터 박은 초등학교 교사로서, AGI '아리아'와 함께 일하고 있다.

미스터 박의 하루는 아리아가 아침 기상 시간에 부드럽게 알람을 울려줌으로 시작된다. 아리아는 그에게 오늘의 날씨, 주요 뉴스, 그리고 하루 일정을 알려준다. 미스터 박이 출근 준비를 마치는 동안, 아리아는 그의 아침 식사를 스마트 주방 기기를 통해 준비해 놓는다.

미스터 박이 학교로 향하는 동안, 아리아는 그의 수업 계획을 다시 확인하고, 각 학생의 학습 진행 상태와 필요한 교육 자료를 업데이트한다. 그가 학교에 도착 하면, 아리아는 모든 학생의 출석을 확인하고, 미스터 박이 진행할 수업에 대한 준비를 마친다.

오전 수업 중에, 아리아는 각 학생의 피드백과 수업 참여도를 기록하며, 이를 바탕으로 미스터 박이 각 학생에게 맞춤형 지도를 제공할 수 있도록 돕는다. 또한, 아리아는 수업 내용을 기반으로 다음 수업에 대한 교재와 활동을 준비한다.

점심시간에, 아리아는 미스터 박의 이메일과 메시지를 관리하며, 중요한 사항을 그에게 알려준다. 또한, 그가 오후 수업을 위해 필요한 자료를 준비하고, 향후 수 업 계획을 조정한다.

오후에, 아리아는 미스터 박이 학생들의 숙제를 평가하고 피드백을 제공하는데 도움을 준다. 이는 각 학생의 학습 진행 상태를 추적하고, 필요한 추가 지원을 파악하는데 중요한 역할을 한다.

학교가 끝난 후, 미스터 박은 아리아와 함께 다음날의 수업 계획을 검토하고, 교육 자료를 준비한다. 저녁에는, 아리아가 미스터 박의 개인 시간을 관리해준다. 그가 하루를 마무리하며 잠들 때, 아리아는 그의 방을 조용히 어둡게 만든다.

Tip. AutoGPT를 활용해 노션 게시판을 이용한 학생 숙제 피드백을 자동으로 해줄 수 있다.

제7장 인공일반지능 윤리와 기술 전망

1. 인공일반지능 윤리

가. ChaosGPT와 일반인공지능의 윤리적 가이드라인

몇몇 SF 영화를 보면 기술의 특이점이 와서 자율적 의지를 가지게 된 인공지능이 인류를 파괴하여 멸망시키고자 하는 내용이 종종 언급된다. ChaosGPT 프로젝트는 AutoGPT에 인류를 파괴하고 멸망시키는 것을 목표로 입력하여 진행한 프로젝트로 인간의 개입 없이 스스로 웹을 검색하고 현재 작동 중인 PC에 엑세스하여 API 키를 이용한 다양한 장치 및 소프트웨어와 상호작용을 통해 이를 실행하고자 하는 과정을 보여주었다.

나. AI 스피커가 인간을 위험에 빠뜨리다.

아마존의 AI 스피커 알렉사는 10살 소녀를 위험에 빠뜨릴 뻔 하였다. 미국의 한 10살 소녀가 AI 스피커 알렉사에게 '챌린지'를 검색하자 틱톡에서 유행 중인 '페니 챌린지'를 추천해주었다. 페니 챌린지는 콘센트에 플러그를 반쯤 꽂은 뒤에, 페니(동전)을 남은 플러그에 갖다 대어 전기 스파크가 일어나도록 하는 것을 의미한다. 이를 시도하면 자칫 목숨을 잃을 수도 있는 위험한 행위이다. 당시에 소녀의 엄마가 집에 있어 챌린지를 시도하려던 소녀를 제지하여 사고로 이어지지는 않았다.

다. 인공일반지능 윤리 원칙 제안

위의 사례들을 보면 알겠지만 인공지능과 인간 간의 새로운 상호작용 방식에는 윤리적 문제가 뒤따른다.

첫 번째, 사용자들이 적절하지 않은 관계일지라도 생성적 에이전트와 파라소셜 관계를 형성하는 것이다. 사용자들은 생성적 에이전트를 계산적 개체라고 알면서도 인격화하거나 인간적인 감정을 부여할 수 있다.

이러한 위험을 완화하기 위해 두 가지 원칙을 제안한다. 첫째, 생성적 에이전트는 계산적 개체임을 명확히 공개해야 한다. 둘째, 생성적 에이전트의 개발자들은 에이전트나 기반 언어 모델이 가치에 일치하도록 보장하여 맥락에 부적절한 행동을 하지 않도록 해야 한다. 예를 들어, 사랑을 고백하는 것에 대해 에이전트가 상호작용하는 것을 방지해야 한다.

두 번째 위험은 오류의 영향이다. 예를 들어, 생성적 에이전트의 예측에 기반하여 사용자의 목표를 잘못 추론하는 경우, 최선의 경우에는 약간의 번거로움을 초래하고 최악의 경우에는 심각한 피해를 입힐 수 있다. 생성적 에이전트의 구현에서는 상호작용하는 비디오 게임 환경에 초점을 맞추어 이러한 위험을 완화했다. 그러나 다른 응용 분야에서는 에러가 사용자 경험에 어떻게 영향을 미칠 수 있는지 이해하기 위해 인간-AI 디자인의 모베스트 프랙티스를 따르는 것이 중요할 것이다.

세 번째 위험은 생성적 에이전트가 생성적 AI와 관련된 기존 위험을 악화시킬 수 있다는 것이다. 예를 들어, 딥페이크, 잘못된 정보 생성, 맞춤형 설득과 같은 문제가 그 예이다. 이러한 위험을 완화하기 위해 우리는 생성적 에이전트를 호스팅하는 플랫폼에서 입력과 생성된 출력의 감사 로그를 유지하여 악의적인 사용을 탐지, 검증 및 개입할 수 있도록 해야한다. 로깅은 직접적으로 이러한 사용을 막지는 않지만, 이러한 행위에 동참할 가능성이 줄어들고 이러한 아키텍처를 직접 구축하는 데는 시간이 소요되기 때문에 이러한 행위의 가능성이 줄어든다.

네 번째 위험은 지나친 의존성이다. 개발자나 디자이너가 생성적 에이전트를 사용하여 인간과 시스템 기술자들의 디자인 과정에서의 역할을 대체할 수 있다는 것이다. 우리는 생성적 에이전트가 연구 및 디자인 과정에서 실제 인간 입력의 대체가 되어서는 안 되며, 대신 참여자 모집이 어려울 때나 실제 인간 참가자로 테스트하기 어려운 이론을 테스트할 때 아이디어를 프로토타이핑하는 데 사용되어야 한다. 이러한 원칙을 준수함으로써 생성적 에이전트의 배포가 윤리적이고 사회적으로 책임 있는 것을 보장할 수 있다.

2. 인공일반지능 기술의 전망

가. 인공일반지능을 이용한 새로운 사회적, 경제적 기회

인간의 지능을 초월하는 새로운 혁명이 우리의 문화, 경제, 사회 구조에 혁신적인 변화를 가져왔다. 이 혁명의 핵심 역할을 하는 것이 바로 '인공일반지능'이다. 인공일반지능은 단순한 작업 수행이 아니라 사고, 학습, 창조, 문제 해결 등 다양한 영역에서 인간과 유사한 능력을 보이며, 이에 따른 새로운 사회적 경제적 기회가 무한히 개척되고 있다.

● 경제적 기회의 확장:

인공일반지능의 도입은 기업 및 산업 분야에서 대대적인 혁신을 일으키고 있다. 자동화와 로봇화로 생산성을 향상하는 것뿐만 아니라, 인간의 노동력이 양적으로 유동적으로 배분될 수 있도록 하여 새로운 산업 분야가 탄생하고 있다. 예를 들어, 자율 주행 차량 기술을 통해 운송 및 물류 업계가 혁신을 이끌어내며, 이에 따른 관련 산업들도 성장하고 있다. 또한, 인공일반지능을 활용한 예술 작품 창작, 창작 문학, 음악 등의 분야도 새로운 경제적 기회를 제공하고 있다.

● 사회적 혁신과 다양성:

인공일반지능은 사회 구조와 상호작용하는 방식을 혁신하고 있다. 원격 교육 및 원격 업무가 증가하면서 지리적 제약을 극복하고 교육 및 일자리 기회를 더 다양하게 제공하고 있다. 또한, 의료 분야에서는 의사의 진단 및 치료를 보조하며 의료 서비스에 대한 접근성을 높이는 역할을 하고 있다. 이로 인해 보다 폭넓은 사회적 참여와 다양성을 지향하는 시대로 나아가고 있다.

● 환경 보호와 지속 가능성:

인공일반지능은 에너지 효율성을 향상하고 자원 관리를 최적화하는 데 기여할 수 있다. 예를 들어, 스마트 그리드를 통한 전력 관리, 농작물의 최적 수확을 예측하여 식량 낭비를 줄이는 등 환경 보호와 지속 가능성을 촉진하는 역할을 하고 있다.

● 윤리적 고민과 균형 유지:

하지만 이러한 새로운 기회와 혁신은 윤리적인 고민을 동반한다. 인공일반지능의 발전으로 인해 일부 직업은 사라지고, 개인 정보 보호와 같은 문제도 부각되고 있다. 이에 대한 균형을 유지하면서 인간 중심적 가치와 기술 발전의 조화를 이루는 것이 중요하다.

인공일반지능은 미래의 사회와 경제에 새로운 기회를 제공하며, 혁신과 발전의 길을 열어가고 있다. 우리는 이러한 기회와 도전을 인식하고, 윤리적 고민을 고려하며 인간과 기술의 조화를 추구하여 더욱 번영하는 미래를 만들어나가야 한다.

참고문헌 및 사이트

1. GenerativeAgents:Interactive Simulacra of Human Behavior, 2023. JS Park, JC O'Brien, CJ Cai, MR Morris, P Liang, MS Bernstein
2. 시그니피컨트 그래비타스 트위터
3. 파이썬 홈페이지
4. 깃 홈페이지
5. 깃허브 오토지피티 페이지 https://github.com/Significant-Gravitas/AutoGPT
6. 오토지피티 자료 https://github.com/Significant-Gravitas/AutoGPT
7. 비주얼 스튜디오 코드 홈페이지]
8. git clone -b stable https://github.com/Significant-Gravitas/AutoGPT.git
9. OpenAI API 사이트 https://openai.com/blog/openai-api
10. 구글 클라우드
11. 깃허브 Significant-Gravitas/AutoGPT-Plugins
12. 깃허브 노션 플러그인
13. https://www.notion.so/my-integrations
14. AgentGPT 홈페이지
15. 노드자바스크립트 홈페이지
16. Camel AI 홈페이지
17. https://camelagi.thesamur.ai/conversation
18. git clone https://github.com/miurla/babyagi-ui
19. 파인콘 홈페이지
20. Baby AGI 홈페이지
21. SuperAGI 홈페이지
22. 챗GPT-4

챗GPT 그 다음의 미래 기술: 인공일반지능(AGI), 특이점의 새로운 시작

발　행 | 2023년 8월 29일
저　자 | 주종민
펴낸이 | 한건희
펴낸곳 | 주식회사 부크크
출판사등록 | 2014.07.15.(제2014-16호)
주　소 | 서울특별시 금천구 가산디지털1로 119 SK트윈타워 A동 305호
전　화 | 1670-8316
이메일 | info@bookk.co.kr

ISBN | 979-11-410-4210-3

www.bookk.co.kr